발 행 일	2025년 09월 01일 (1판 1쇄)
I S B N	979-11-92695-67-9(13000)
정 가	14,000원
집 필	KIE기획연구실
감 수	방컴(쌤과 아이들)
진 행	유아솔
본문디자인	디자인앨리스
발 행 처	㈜아카데미소프트
발 행 인	유성천
주 소	경기도 파주시 정문로 588번길 24
홈 페 이 지	www.aso.co.kr

※ 이 책은 저작권법에 따라 보호를 받는 저작물이므로 무단 전재와 무단 복제를 금지하며, 이 책 내용의 전부 또는 일부를 이용하려면 반드시 코딩이지의 서면동의를 받아야 합니다.

 **나의 타자 실력을 기록해 보세요!**

구분	날짜		타자수	정확도	확인란	구분	날짜		타자수	정확도	확인란
1	월	일				13	월	일			
2	월	일				14	월	일			
3	월	일				15	월	일			
4	월	일				16	월	일			
5	월	일				17	월	일			
6	월	일				18	월	일			
7	월	일				19	월	일			
8	월	일				20	월	일			
9	월	일				21	월	일			
10	월	일				22	월	일			
11	월	일				23	월	일			
12	월	일				24	월	일			

  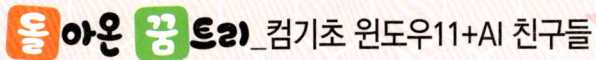 

이런 내용으로 구성되어 있어요!

■ 배울 내용 미리보기

각 차시별로 배울 내용을 만화로 미리 확인할 수 있어요.

■ 창의력 플러스

본문 학습 내용과 관련된 다양한 형태의 문제들을 스스로 해결하면서 창의력과 문제해결능력을 높일 수 있어요.

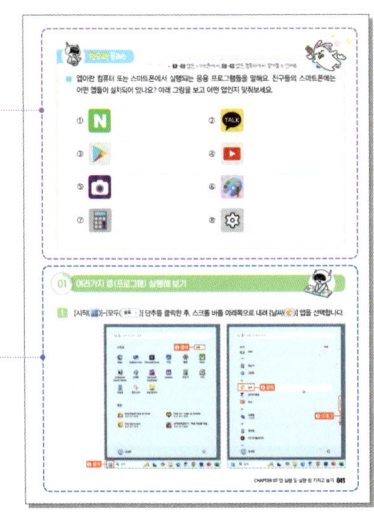

■ 본문 따라하기

컴기초 윈도우11+AI 친구들의 여러 가지 기능들을 따라하면서 학습할 수 있도록 구성되어 있어요.

■ 혼자서 뚝딱 뚝딱

앞에서 배운 내용을 다시 한 번 복습할 수 있도록 재미있고 신나는 문제를 제공해요.

Orientation **003**

CONTENTS

CHAPTER 01
컴퓨터와 친구되기

006

CHAPTER 02
마우스와 친구되기

010

CHAPTER 03
키보드와 친구되기

016

CHAPTER 04
컴퓨터 예쁘게 꾸미기

022

CHAPTER 05
파일과 폴더를 정리 정돈해요

028

CHAPTER 06
파일과 폴더 이사하기

034

CHAPTER 07
앱 실행 및 실행 창 가지고 놀기

040

CHAPTER 08
단원 종합 평가 문제

046

CHAPTER 09
나는 멋진 어린이 화가

048

CHAPTER 10
그림판으로 동생 캐릭터 만들기

056

CHAPTER 11
3D 세상 구경해요~

062

CHAPTER 12
3D 캐릭터 직접 만들기

068

돌아온 꿈트리_컴기초 윈도우11+AI 친구들

CHAPTER 13
포토모자이크 작품 만들기

076

CHAPTER 14
코딩 초보 탈출하기-1

082

CHAPTER 15
코딩 초보 탈출하기-2

090

CHAPTER 16
단원 종합 평가 문제
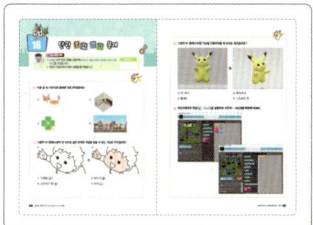
096

CHAPTER 17
빠르고 쉽게 계산하기

098

CHAPTER 18
메모장으로 이모티콘 만들기

104

CHAPTER 19
친구들과 한옥마을에 놀러가요!

110

CHAPTER 20
우리 동네를 소개합니다~

118

CHAPTER 21
인공지능 공부시키기

124

CHAPTER 22
인공지능 챗봇은 내 절친

130

CHAPTER 23
메타버스? 마을버스?

138

CHAPTER 24
단원 종합 평가 문제
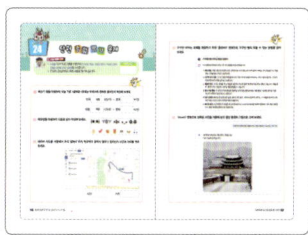
146

목차 CONTENTS 005

CHAPTER 01 — 컴퓨터와 친구되기

오늘 배울 내용

- K마블 타자 프로그램을 이용하여 [키보드 학습 게임]-[키보드 자리 연습]-[기본 자리 연습]과 [윗 자리 연습]을 시작합니다.
- 컴퓨터실에서 지켜야 하는 에티켓에 대해 알아봅니다.
- 컴퓨터 주변장치와 컴퓨터를 켜고 끄는 방법에 대해 알아봅니다.

K마블 정확도

배울 내용 미리보기!

- 내가 한 번 발로 차볼까?
- 아냐! 주먹으로 세게 머리치자!
- 컴퓨터가 왜 켜지지 않을까?...
- 그럼 도대체 어떻게 하란 말이지?..
- 절대 안돼
- 컴퓨터는 아무 곳이나 누르거나 마구 때리면 절대 안 돼요~!!!
- NO 잠깐!!!

step 1 본체의 전원 버튼을 누르고
step 2 모니터의 전원을 켜요!

본체 / 모니터

■ 컴퓨터실 이용 에티켓으로 올바른 내용에 '○' 표시를 한 후, 잘못된 내용은 고쳐서 발표해 보세요.

♥ 컴퓨터실 이용 에티켓

[   ] 수업 시작 전에는 자리에 앉아서 K마블 타자 연습을 해요.
[   ] 뒤로 누운 자세로 컴퓨터를 이용해요.
[   ] 궁금한 것이 있을 때는 조용히 손을 들고 기다려요.
[   ] 뛰어다니거나 큰 소리로 이야기하지 않아요.
[   ] 프로그램이나 파일을 마음대로 지우거나 다운받지 않아요.
[   ] 맛있는 음식이나 재미있는 장난감을 가져와서 자랑해요.
[   ] 컴퓨터가 켜지지 않을 때는 마구 두드려 보아요.
[   ] 수업이 끝나면 책상과 의자 등 주변을 깨끗이 정리해요.
[   ] 쉬는 시간에는 재미있는 게임을 해요.

01 컴퓨터에는 여러 가지 장치가 함께 필요해요.

• 컴퓨터에 필요한 여러 가지 장치

1 [1일차] 폴더 안에 '주변기기' 파일을 열어 컴퓨터의 주변장치에는 어떤 것들이 있는지 확인해 봅니다.

2. 주변장치의 기능들을 모두 학습하면 간단한 퀴즈가 나와요? 퀴즈를 풀어봅니다.

02. 컴퓨터 어떻게 켜고, 어떻게 끌까요?

1. 컴퓨터 '본체'의 전원 단추를 누른 후 '모니터'의 전원 단추를 눌러 컴퓨터를 켤 수 있습니다.

전원 버튼의 위치는 제품마다 다를 수 있어요!

2. 컴퓨터를 끌 때는 윈도우에서 아래 순서대로 컴퓨터를 끌 수 있습니다.
➡ [시작(▦)]-[전원(⏻)]-[시스템 종료]

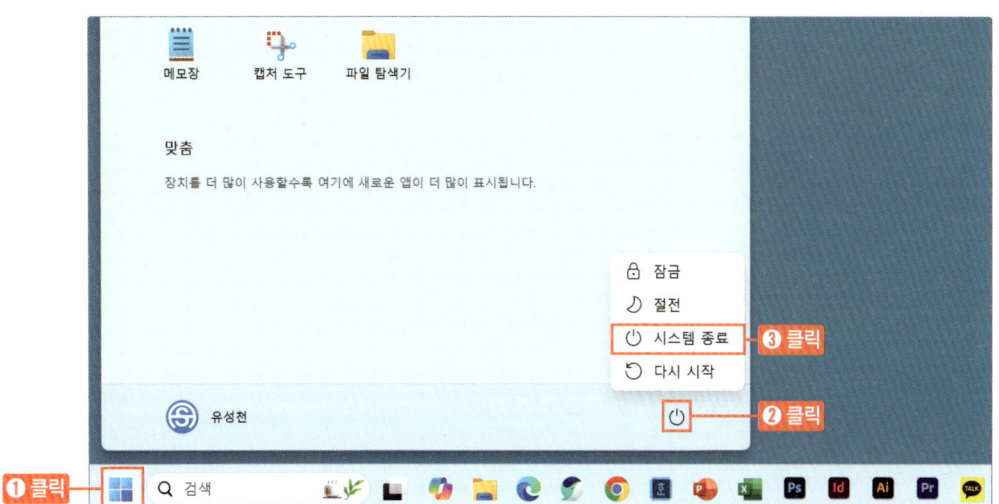

CHAPTER 01

혼자서 뚝 딱 뚝 딱

☐ 지금하기 ☐ 나중에 하기

① 컴퓨터를 켰을 때 제일 먼저 나오는 윈도우의 기본 화면을 무엇이라고 할까요?

| 바 | | | |

② 주변기기 중 모니터, 키보드, 마우스 등을 연결하여 작업을 처리하는 핵심 장치는 무엇일까요

| 본 | |

③ 컴퓨터를 종료하는 순서를 간단하게 적어보세요.

| ㅅ | | - | ㅈ | | - | 시 | 스 | 템 | ㅈ | | ㄹ |

CHAPTER 02 마우스와 친구 되기

오늘 배울 내용

- K마블 타자 프로그램을 이용하여 [키보드 학습 게임]-[키보드 자리 연습]-[아랫 자리 연습]과 [시프트 자리 연습]을 시작합니다.
- 마우스를 잡는 방법에 대해 알아봅니다.
- 클릭, 더블클릭, 드래그에 대해 알아봅니다.

K마블 정확도

배울 내용 미리보기!

1 세 개의 장치 중에서 본체에 연결된 것은 무엇일까요?

정답:

모니터
마우스
키보드
본체

2 마우스는 동물의 모습을 닮아 이름이 만들어졌다고 해요! 다음 중 마우스의 모양과 닮은 동물을 선택해보고, 선택한 이유를 함께 적어보세요.

♥ 동물을 선택한 이유

01 마우스는 컴퓨터의 절친

모니터에 마우스 포인트가 가리키는 곳을 눌러 실행되게 하는 장치에요.

1 **마우스 잡는 방법** : 마우스를 감싼 손이 'V' 모양이 되도록 마우스 왼쪽 단추 위에 검지를, 마우스 오른쪽 단추 위에 중지를 올려놓습니다.

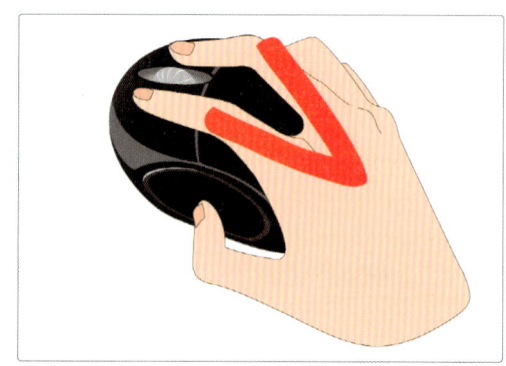

▲ 마우스 잡는 방법

2 **클릭하는 방법** : 검지를 이용하여 마우스 왼쪽 단추를 한 번(딸깍) 누릅니다.

3 **더블클릭하는 방법** : 검지를 이용하여 마우스 왼쪽 단추를 빠르게 두 번(딸깍 딸깍) 누릅니다.

4 **드래그하는 방법** : 검지로 마우스 왼쪽 단추를 누른 채 이동할 위치로 마우스를 움직입니다.

5 **휠 굴리는 방법** : 검지로 마우스 휠을 위/아래로 굴려서 화면을 위/아래로 이동시킵니다.

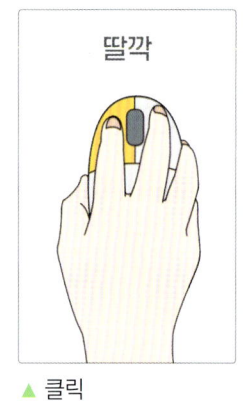
▲ 클릭

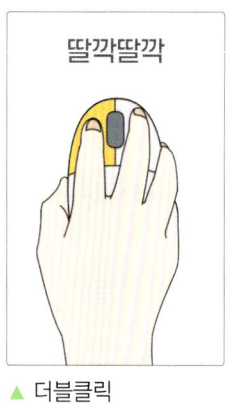
▲ 더블클릭

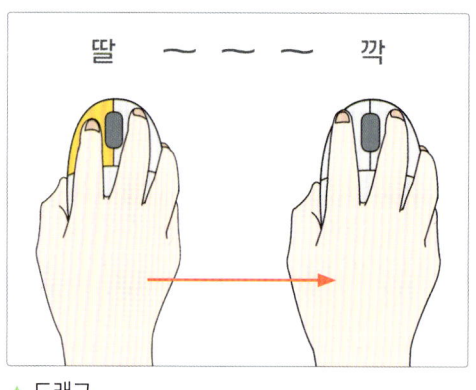
▲ 드래그

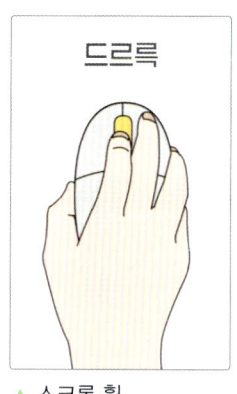
▲ 스크롤 휠

02 마우스 클릭으로 게임을 해요.

1 [2일차] 폴더 안에 '두더지 게임'을 더블클릭하여 실행한 후, 두더지 잡기 게임이 실행되면 <Play>를 클릭합니다

'플레이'라고 읽어요.

2 두더지가 올라오면 마우스로 클릭하여 망치로 때립니다.

> 클릭이란 검지를 이용하여 마우스 왼쪽 단추를 한 번 누르는 것을 말해요.

힌트 PC 보호 화면이 나왔어요!

만약 프로그램을 실행했을 때 아래와 같은 화면이 나오면 '추가 정보'를 클릭한 후, <실행> 단추를 눌러 문제를 해결할 수 있습니다.

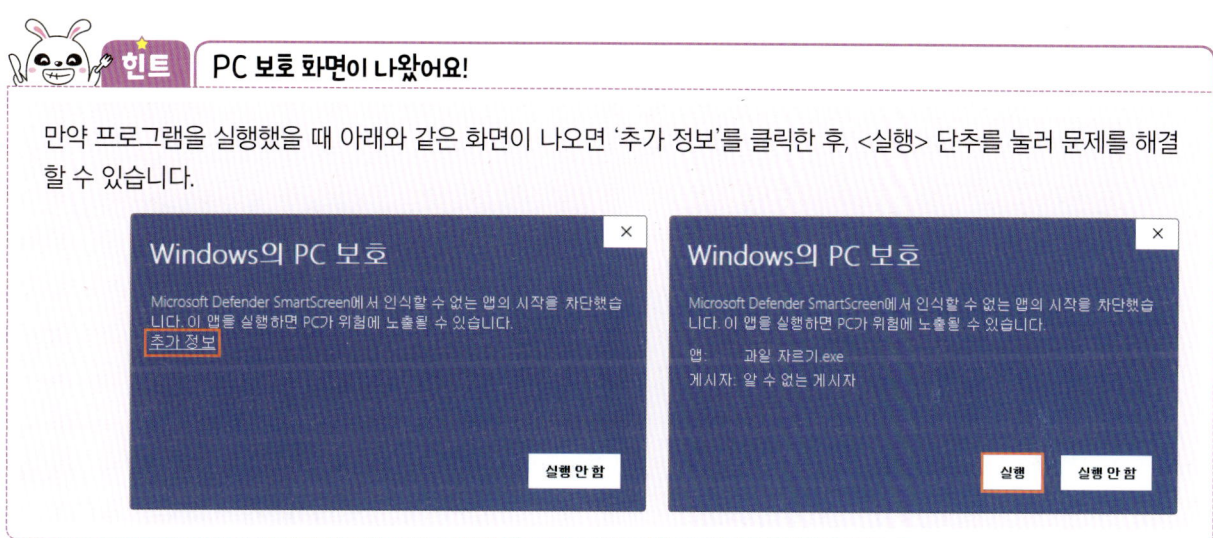

3 다음과 같은 화면이 나왔을 때 <Save Score>를 누르면 점수가 저장되고, <Play>를 누르면 게임을 다시 시작할 수 있습니다.

> '세이브 스코어'라고 읽어요.

4 클릭 연습이 끝나면 <닫기(×)> 단추를 눌러 종료합니다.

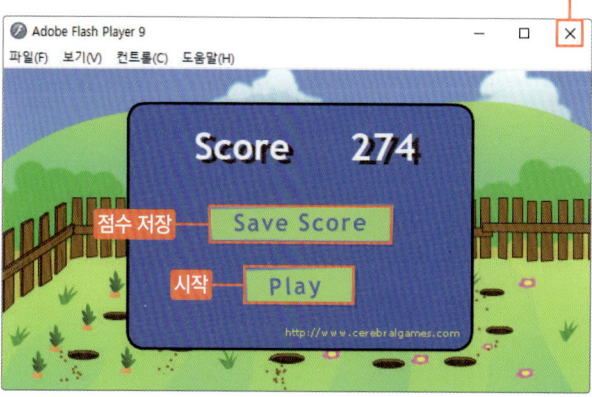

CHAPTER 02 마우스와 친구되기 **013**

03 마우스 드래그로 게임을 해요.

1 [2일차] 폴더 안에 '공 굴리기'를 더블클릭하여 실행한 후, 공 굴리기가 실행되면 <Play>를 클릭합니다.

2 2단계(레벨)를 선택하여 그림과 같이 경로를 그린 후 <Start>를 클릭합니다. · '스타트'라고 읽어요.

3 <Next!>를 눌러 다음 단계로 이동할 수 있으며, 드래그 연습이 끝나면 <닫기(×)> 단추를 눌러 종료합니다. · '넥스트'라고 읽어요.

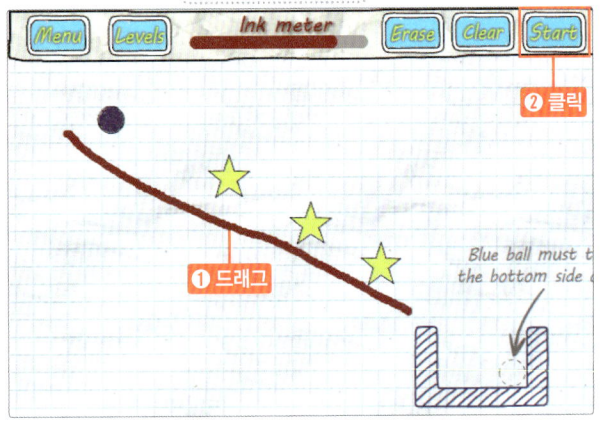 

힌트 공 굴리기는 어떤 프로그램인가요?

펜으로 공이 이동할 경로를 그린 후 공을 굴려 경로를 따라 공이 이동하면 성공하는 게임입니다.

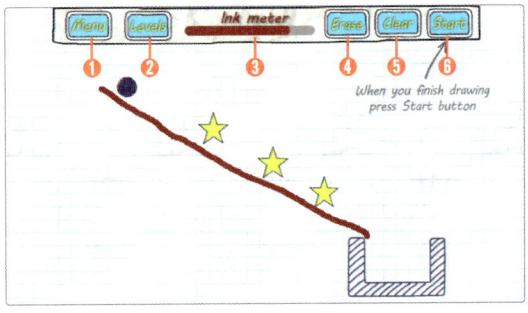

❶ Menu(메뉴) : 첫 화면으로 이동
❷ Levels(레벨) : 단계 선택 화면으로 이동
❸ Ink meter(잉크 미터) : 남아 있는 잉크를 확인
❹ Erase(어레이스) : 펜을 한 단계 삭제
❺ Clear(클리어) : 펜을 전체 삭제
❻ Start(스타트) : 경로를 그린 후 공 굴리기 실행

· 경로를 그리는 잉크를 적게 사용할수록 높은 점수를 얻을 수 있으며, 별을 모아 다음 단계로 이동해요.

혼자서 뚝 딱 뚝 딱

☐ 지금하기 ☐ 나중에 하기

1 마우스 클릭 연습을 해보세요.

① [2일차] 폴더에서 '클릭 팜'을 실행합니다. 이어서, <PLAY>를 클릭한 후, <Continue>를 눌러 게임을 시작합니다.

'컨티뉴'라고 읽어요.

땅을 계속 클릭하여 작물을 키운 후 보상 받은 돈으로 넓은 땅과 다양한 작물을 구매할 수 있어요!

2 마우스 드래그 연습을 해보세요.

① [2일차] 폴더에서 '과일 자르기'를 실행합니다. 이어서, <PLAY>를 클릭한 후, <ARCADE>를 눌러 게임을 시작합니다.

'아케이드'라고 읽어요.

날아오는 과일들을 드래그하여 자를 수 있어요. 단, 장애물은 건드리지 않도록 주의해요!

CHAPTER 03 키보드와 친구되기

오늘 배울 내용

- K마블 타자 프로그램을 이용하여 [키보드 학습 게임]-[키보드 자리 연습]-[전체 자리 연습]을 시작합니다.
- 키보드에 손가락을 올리는 방법을 알아봅니다.
- 키보드의 여러 가지 키(글쇠)들은 각각 어떤 기능을 하는지 알아봅니다.

K마블 정확도

배울 내용 미리보기!

도대체 키보드에 'ㅖ'는 어디있는 거야!?

선생님이 봤을 때 친구는 한글을 다시 공부하는게 좋겠어요!!! 'ㅖ'라는 글자는 한글에 없답니다.

'ㅖ'도 있어요.

휴..... 한글도 잘 모르는데.. 타자연습이 가능할까 ㅠㅠ

손가락 두 개로 키보드를 마구 때리는거야~

타자연습? 그게 뭐예요?

쉿~!! 컴퓨터의 가장 기본은 타자연습이에요.

타자연습을 할 때는 손가락 10개를 모두 사용해야 해요~

힌트

K마블 타자 프로그램을 이용하면 더 쉽고 재미있게 게임 하듯 타자를 연습할 수 있어요.

- 키보드로 글자를 입력할 때는 자음과 모음을 순서대로 입력해야 합니다. 다음을 참고하여 빈 칸에 알맞은 자모음 또는 단어를 적어보세요.

① ㄴ | ㅏ | ㅂ | ㅣ ➡ 나 | 비

② ㅂ | ㅗ | ㄴ | ㅊ | ㅔ ➡ 본 | 체

③ ㅇ | ㅓ | ㄹ | ㅇ | ㅡ | ㅁ ➡ 얼 | 음

01 키보드는 글자(문자)를 입력해요.

1 아래 그림을 참고하여 키보드에 손가락을 예쁘게 올려봅니다.

02 키보드에 글자(키, 글쇠)가 너무 많아요!

1 아래 키보드 그림을 참고해서 우리가 사용하는 키보드에는 어떤 키(글쇠)들이 있는지 대충 확인해 봅니다.

키보드의 특수 키 알아보기!

❶ `Esc` (이에스씨) : 명령을 취소할 수 있어요.

❷ `TAB` (탭) : 8칸을 한 번에 띄울 수 있어요.

❸ `Caps Lock` (캡스락) : 영문의 대문자 또는 소문자를 선택할 수 있어요.
  ※ (B)에서 활성화 상태를 확인할 수 있어요.

❹ `Space Bar` (스페이스바) : 글자 사이의 공간을 띄울 수 있어요.

❺ `Shift` (시프트) : 한글의 쌍자음 또는 특수문자를 입력할 수 있어요.
  ※ `Shift` 키는 동일한 모양으로 두 군데(왼쪽과 오른쪽)에 있어요.

❻ `Ctrl` (컨트롤) / `Alt` (알트) : 혼자서는 사용할 수 없고, 다른 키와 조합하여 사용해요.
  ※ `Ctrl` / `Alt` 키는 각각 동일한 모양으로 두 군데에 있어요.(키보드 종류에 따라 한 군 데만 있을 수 있어요.)

❼  : 한글 또는 영어로 전환할 수 있어요.

❽ `한자` : 한글을 한자로 변경할 수 있어요.

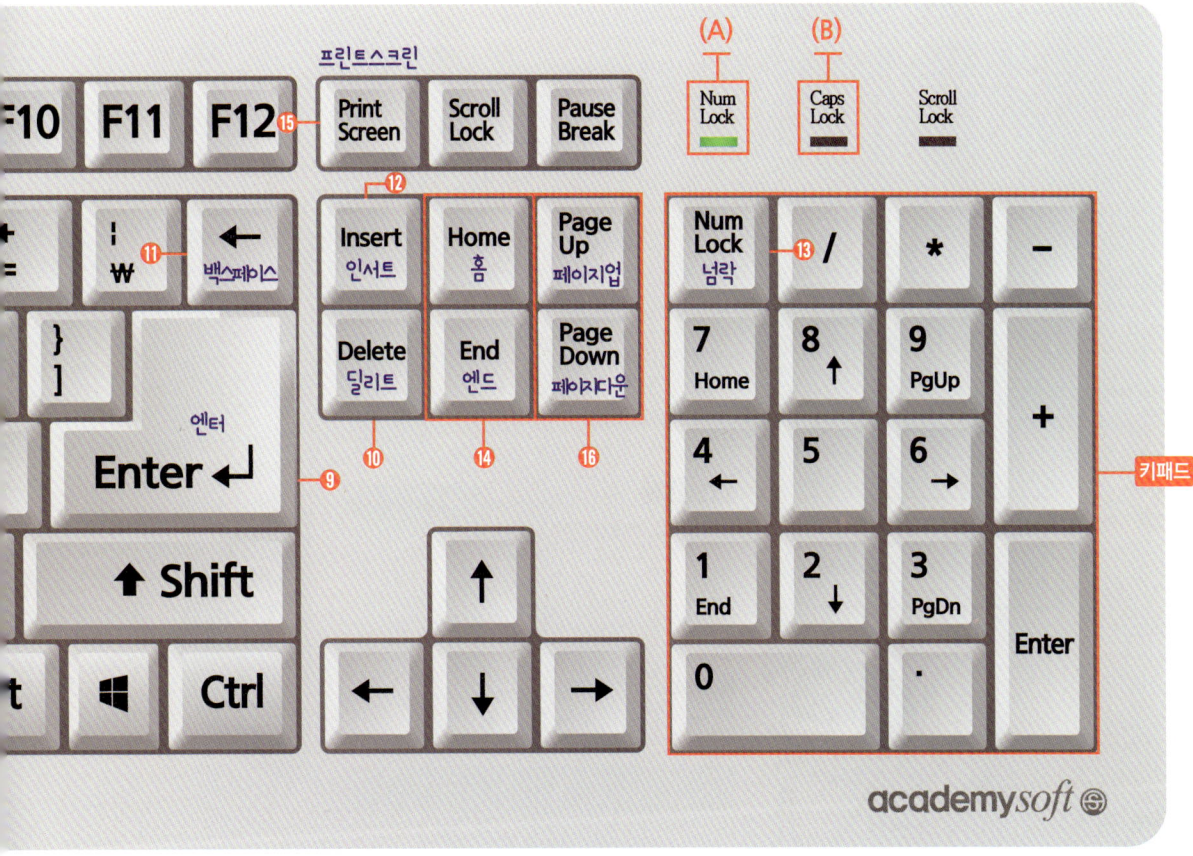

❾ Enter (엔터) : 명령을 실행할 수 있어요.
※ 키패드의 오른쪽 하단에서는 길쭉한 모양의 Enter 키도 있어요.

❿ Delete (딜리트) : 커서의 뒤쪽 글자를 삭제할 수 있어요.

⓫ Back space (백스페이스) : 커서의 앞쪽 글자를 삭제할 수 있어요.

⓬ Insert (인서트) : 삽입 또는 수정 상태로 변환할 수 있어요.

⓭ Num Lock (넘락) : 키패드를 숫자키 또는 방향키 상태로 변경할 수 있어요.
※ (A)에서 활성화 상태를 확인할 수 있어요.

⓮ Home (홈) / End (엔드) : 맨 앞쪽으로 이동 / 맨 뒤쪽으로 이동할 수 있어요.

⓯ Print Screen (프린트 스크린) : 보이는 화면을 복사할 수 있어요.

⓰ Page Up (페이지 업) / Page Down (페이지 다운) : 페이지의 위치를 이동해요.

03 타자 연습은 'K마블' 무료 프로그램으로 시작해요!

1. 구글 크롬을 실행한 다음 검색창에 'K마블'을 입력한 후, Enter 키를 누릅니다. 이어서, 'K마블'을 클릭합니다.

2. K마블에 접속되면 [비회원 체험하기]를 클릭합니다.

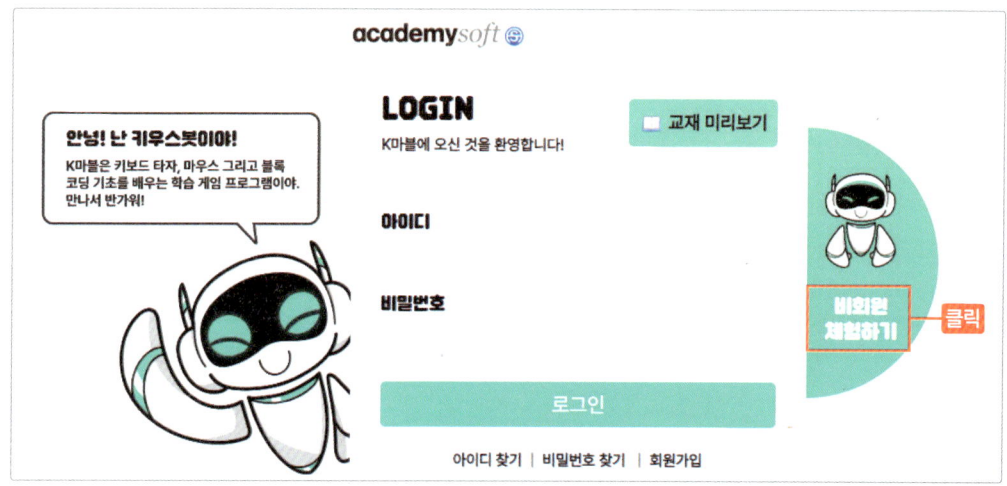

3. K마블에서 키보드 학습게임을 시작합니다.
   ▶ [홈]-[마우스 & 키보드 학습게임]-[키보드 학습게임]

④ K마블의 키보드 학습게임에서 [전체 자리 연습]을 시작합니다.
▶ [ⓠ한글 키보드 자리 연습]-[전체 자리 연습]-[지금 시작하기]-[시작하기]

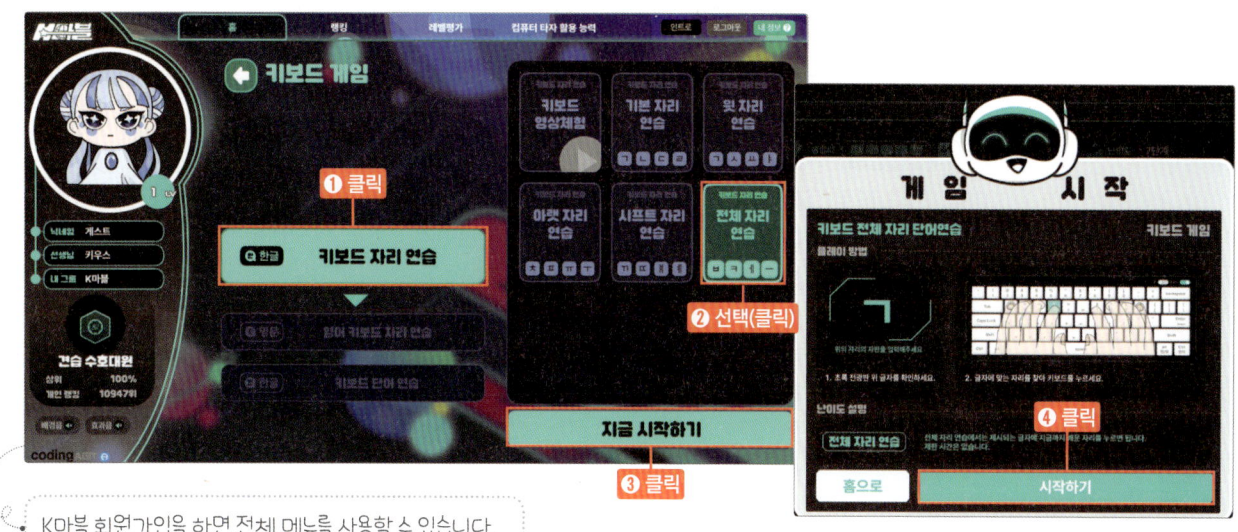

K마블 회원가입을 하면 전체 메뉴를 사용할 수 있습니다.

CHAPTER 03 혼자서 뚝 딱 뚝 딱

☐ 지금하기 ☐ 나중에 하기

1 특수키에 대한 기능으로 알맞은 것끼리 연결해보세요.

Enter (엔터) ●	● 한글의 쌍자음 또는 특수문자를 입력
Shift (시프트) ●	● 커서 앞쪽의 글자를 삭제
Delete (딜리트) ●	● 명령을 실행
Caps Lock (캡스락) ●	● 영문의 대문자 또는 소문자를 선택
Back Space (백스페이스) ●	● 커서 뒤쪽의 글자를 삭제

2 K마블 타자의 [키보드 학습게임] 메뉴를 이용하여 다양하고 재미있는 학습 게임을 즐겨보세요.

CHAPTER 04 컴퓨터 예쁘게 꾸미기

오늘 배울 내용

- K마블 타자 프로그램을 이용하여 [키보드 학습 게임]-[키보드 단어 연습]-[기본 자리 단어 연습]을 시작합니다.
- 여러 가지 동물 이미지로 배경 사진을 변경해 봅니다.
- 테마 컬러를 변경하고 화면 보호기를 설정해 봅니다.

K마블 타수

배울 내용 미리보기!

1. 아래 알파벳을 조합하여 '컴퓨터'를 영어 단어로 적어보세요.

r c m t o u p e

2. '컴퓨터'는 본래 영어이지만 우리말로 자주 사용되고 있는 단어이며 이런 단어를 외래어라고 해요. 우리 주변에 '컴퓨터'처럼 사용되는 외래어에는 어떤 단어들이 있을까요? 아래 단어 중에서 외래어를 찾아 '○' 표시해보세요.

친구	스트레스	커피	가스	트럭
다이어트		책꽂이	여름	버스
피자	뉴스	어린이	티켓	꽃
티셔츠	장미	괴물	김치	호랑이
백화점	도서관	뷔페	피아노	연필

01 윈도우 바탕화면을 변경해요.

1. 바탕화면의 빈 곳 위에서 마우스 오른쪽 단추를 눌러 [개인 설정]을 클릭합니다.

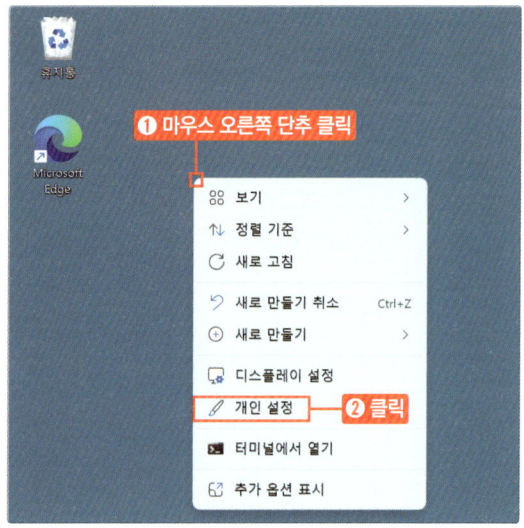

2. 바탕화면에 사용될 그림 파일을 불러옵니다.
   ➡ [개인 설정]-[배경] 탭-[슬라이드 쇼]-<찾아보기>-[04일차]-[배경]

3. 이어서, '다음 간격마다 사진 변경'을 '1분'으로 지정합니다.

   '배경' 폴더에 있는 여러 그림이 1분마다 하나씩 바뀌면서 배경화면으로 나타납니다.

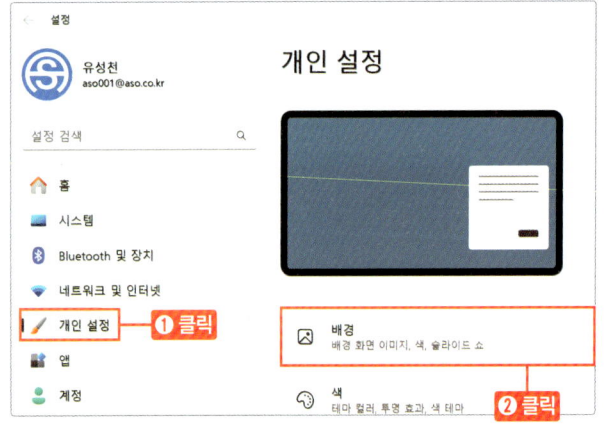

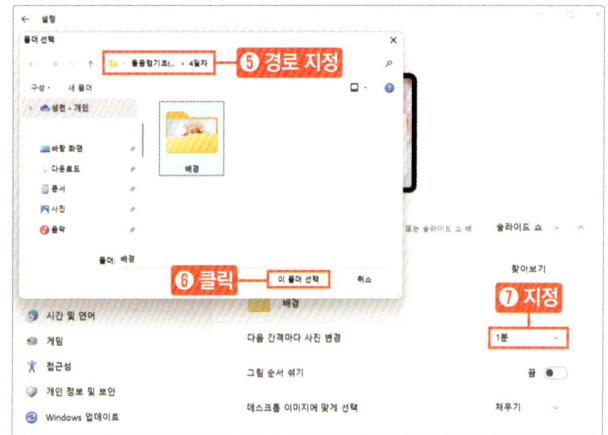

4 바탕화면 배경 사진이 변경된 것을 확인합니다.

1분마다 [배경] 폴더 안의 동물 이미지로 배경 사진이 변경될 거예요.

힌트 : 배경 맞춤 선택

'데스크톱 이미지에 맞게 선택' 항목을 변경하여 배경 사진을 다양한 크기로 적용할 수 있어요.

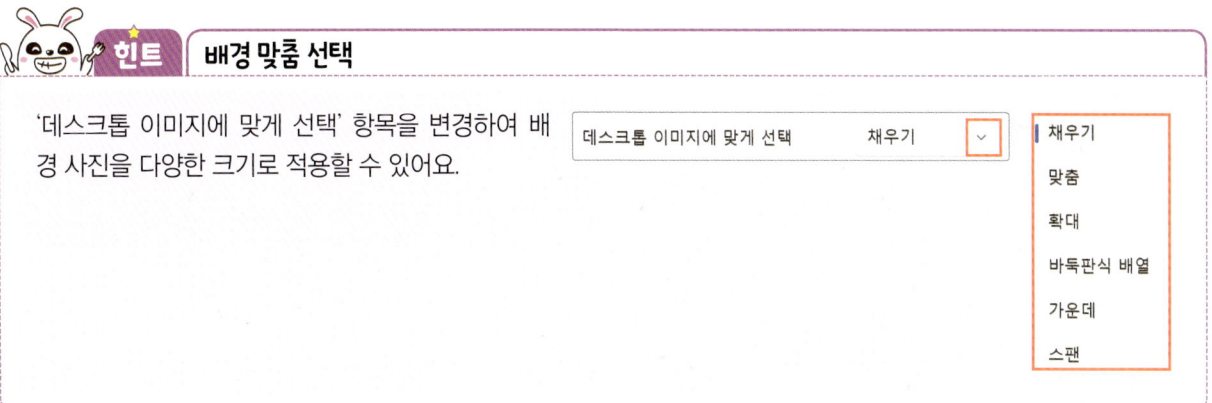

02 바탕화면 컬러도 변경해요.

1 [개인 설정] 탭에서 '색'을 클릭한 후, '모드 선택'과 '테마 컬러'색을 변경해 봅니다.

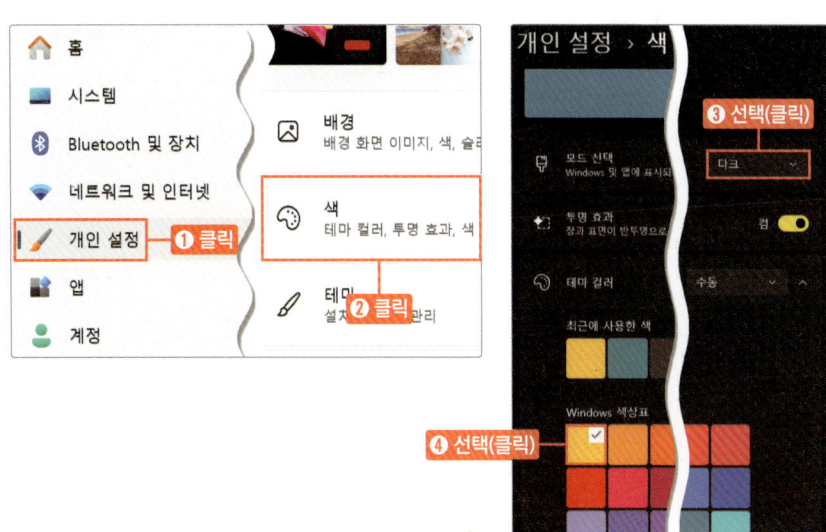
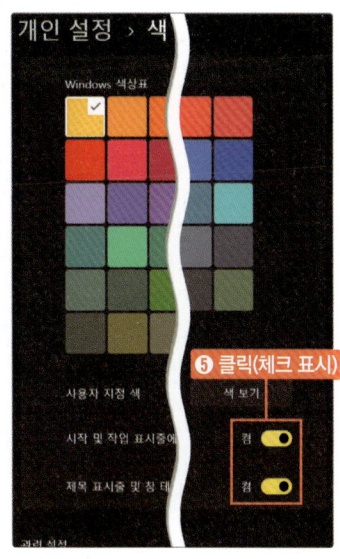

CHAPTER 04 컴퓨터 예쁘게 꾸미기 **025**

2　아래쪽 작업표시줄 그리고 [파일 탐색기] 등 여러 가지 앱을 실행하여 모드와 색상이 변경된 것을 확인합니다.

03 내가 자리에 없을 땐 내 컴퓨터 화면을 숨겨요!

1　바탕화면에 '화면 보호기'를 설정하여 내 화면을 화면 보호기로 숨기도록 합니다.
➡ [개인 설정]-[잠금 화면] 탭-[스크롤 아래쪽으로 드래그]-'화면 보호기'

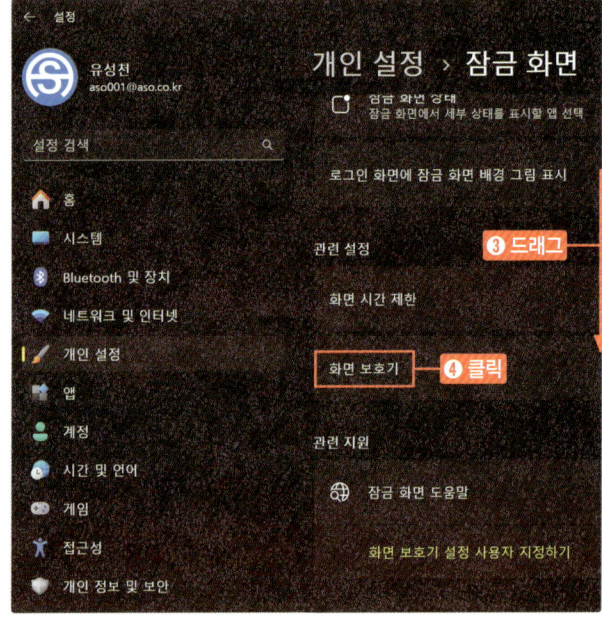

2 원하는 화면 보호기 효과를 선택한 후, 대기를 1분으로 변경합니다. 이어서, <적용> 단추와 <확인> 단추를 순서대로 클릭합니다.

화면 보호기는 대기 시간동안(1분) 컴퓨터로 아무 작업도 하지 않을 때 다른 친구들이 내 모니터 화면을 보지 못하도록 '화면 보호기' 그림이 나오도록 하는거예요.

1 다른 테마로 화면 보호기가 실행되도록 해보세요.

2 [4일차] 폴더 안에 '그림판_펭귄' 파일을 배경 사진으로 지정해 보세요.

CHAPTER 04 컴퓨터 예쁘게 꾸미기

CHAPTER 05 파일과 폴더를 정리 정돈해요

오늘 배울 내용

- K마블 타자 프로그램을 이용하여 [키보드 학습 게임]-[키보드 단어 연습]-[윗 자리 단어 연습]을 시작합니다.
- 파일과 폴더의 개념을 알아봅니다.
- 새로운 폴더를 만들어서 폴더 안에 파일을 정리해 봅니다.

K마블 타수

배울 내용 미리보기!

파일이란 무엇일까요?

그게 뭐??..

컴퓨터를 여러분의 '방' 이라고 생각해 보세요. 방에는 옷, 장난감, 책 등이 여기저기 흩어져 있지요?

방 안에 흩어진 물건은 컴퓨터 안의 파일과 비슷하다고 볼 수 있어요. 흩어진 물건들은 어떻게 정리를 할 수 있을까요?

책은 책꽂이에!
인형은 장난감 박스에!
옷이나 모자는 서랍에!

매우완벽

훌륭해요! 컴퓨터에서도 비슷한 파일들을 모아서 각각의 폴더에 정리해 놓는다면 원하는 파일을 빠르게 찾을 수 있겠지요?

■ 동물의 종류는 포유류, 조류, 파충류 등으로 구분할 수 있어요. 아래 동물(파일)들을 분류 기준 (폴더)에 맞추어 선으로 연결해 보세요.

01 파일? 폴더? 컴퓨터에서 가장 많이 사용되는 단어에요!

1 [5일차] 폴더를 열어 다양한 그림 파일들을 확인해 봅니다.

CHAPTER 05 파일과 폴더를 정리 정돈해요

힌트 | 그림들이 보이지 않아요!

파일의 그림(미리보기)이 보이지 않을 경우에는 [보기]-[큰 아이콘]을 클릭하여 해당 파일이 어떤 그림인지 미리 확인할 수 있습니다.

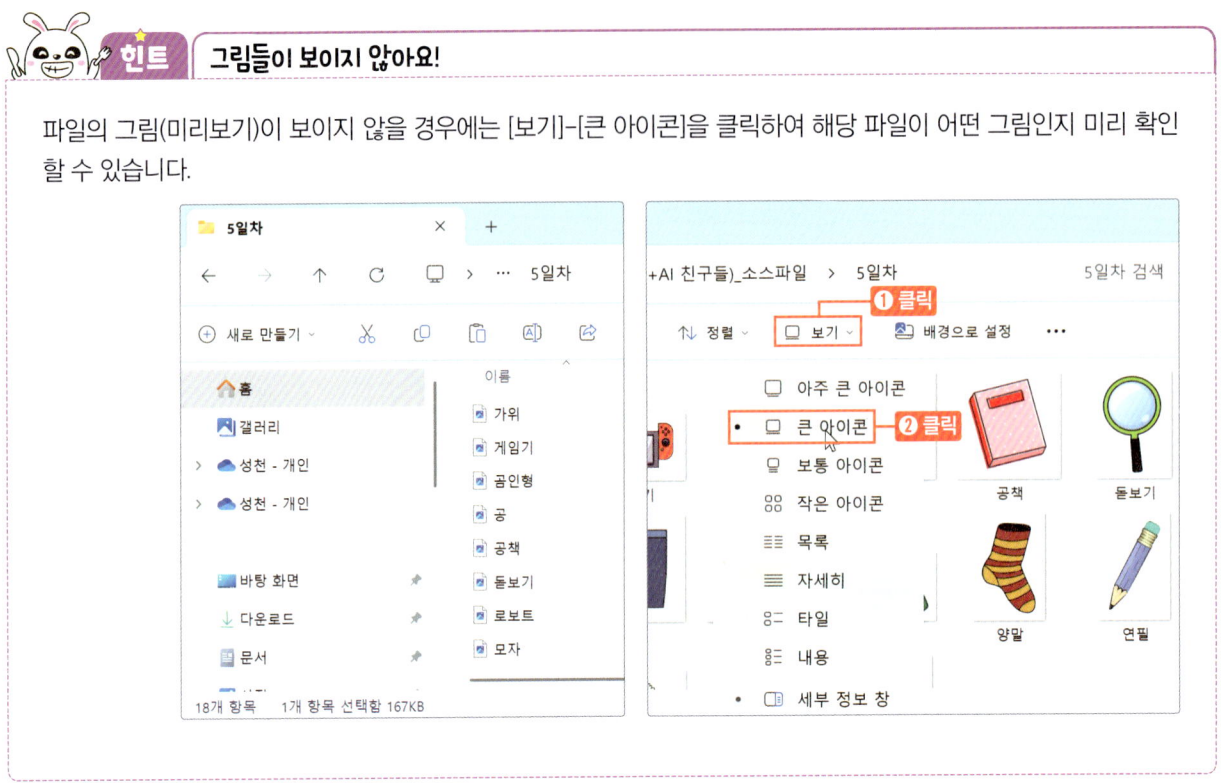

2. **직접 새로운 폴더를 만들어 봅니다.**
   ➡ [5일차] 폴더-빈 곳에서 [마우스 오른쪽 단추 클릭]-[새로 만들기]-[폴더]

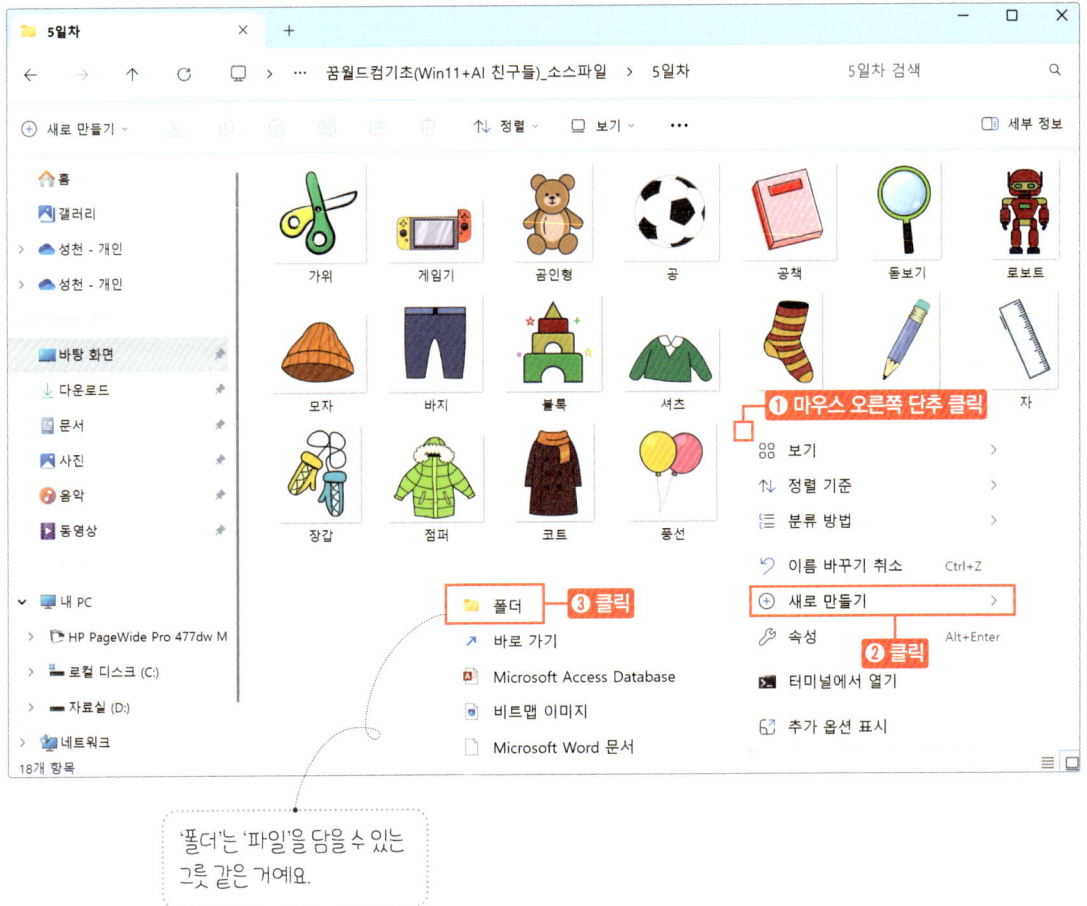

'폴더'는 '파일'을 담을 수 있는 그릇 같은 거예요.

3 새롭게 만들어진 폴더의 이름(예 : 새 폴더)이 블록으로 지정된 상태에서 '장난감'으로 이름을 변경한 후, Enter 키를 누릅니다.

폴더 이름에 블록 지정이 해제되었을 경우에는 폴더 위에서 마우스 오른쪽 단추를 눌러 [이름 바꾸기]를 클릭한 후 다시 작업해보세요.

4 아래 그림과 같은 [의류], [학용품] 이름으로 두 개의 폴더를 추가해 봅니다.

힌트 — 폴더 또는 파일 정렬하기

- 정렬이란 파일의 순서를 정리하는 것을 말합니다.
- 화면 빈 곳 위에서 마우스 오른쪽 단추를 클릭한 후, [정렬 기준]에서 [이름], [날짜], [유형], [크기] 등을 기준으로 파일을 정렬할 수 있습니다.

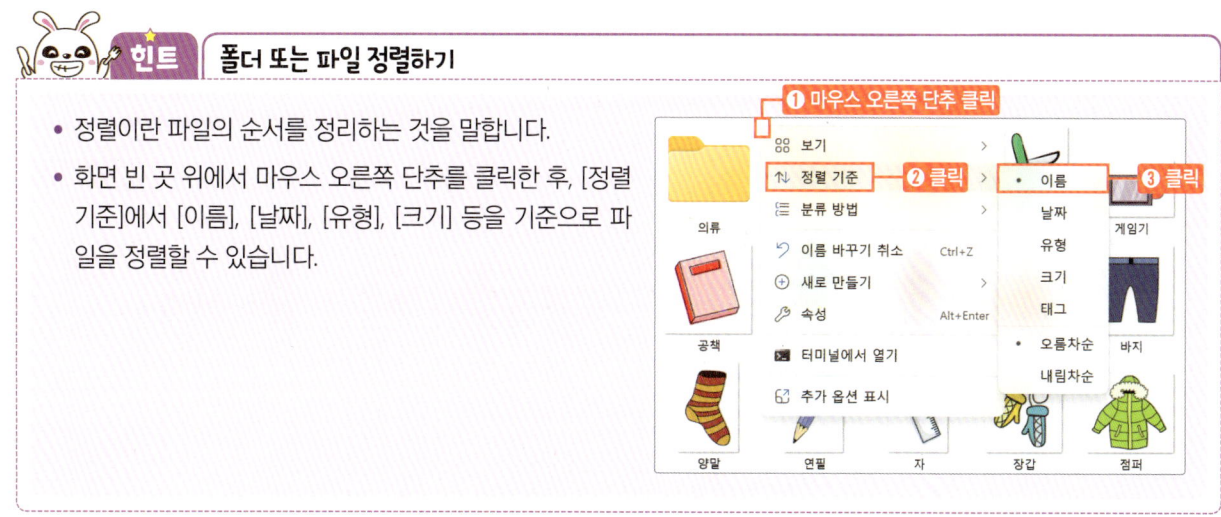

CHAPTER 05 파일과 폴더를 정리 정돈해요 **031**

02 '파일'을 '폴더' 안에 담아 관리하기

1. '가위' 그림 파일을 [학용품] 폴더로 드래그하여 이동시킵니다.

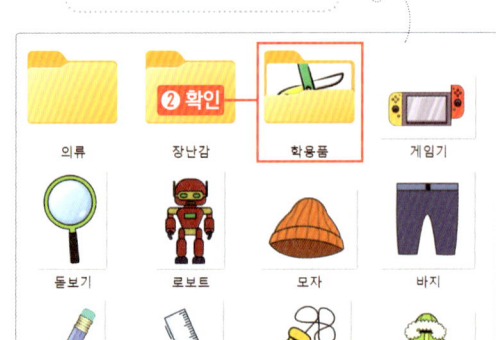

2. 같은 방법으로 모든 그림들을 폴더 이름에 맞게 알맞은 폴더 안으로 이동시킵니다.

3. 각각의 폴더를 열어 그림 파일들이 지정된 폴더로 잘 이동했는지 확인해 봅니다.

'뒤로 가기(←)' 단추를 눌러 이전 폴더로 돌아갈 수 있어요.

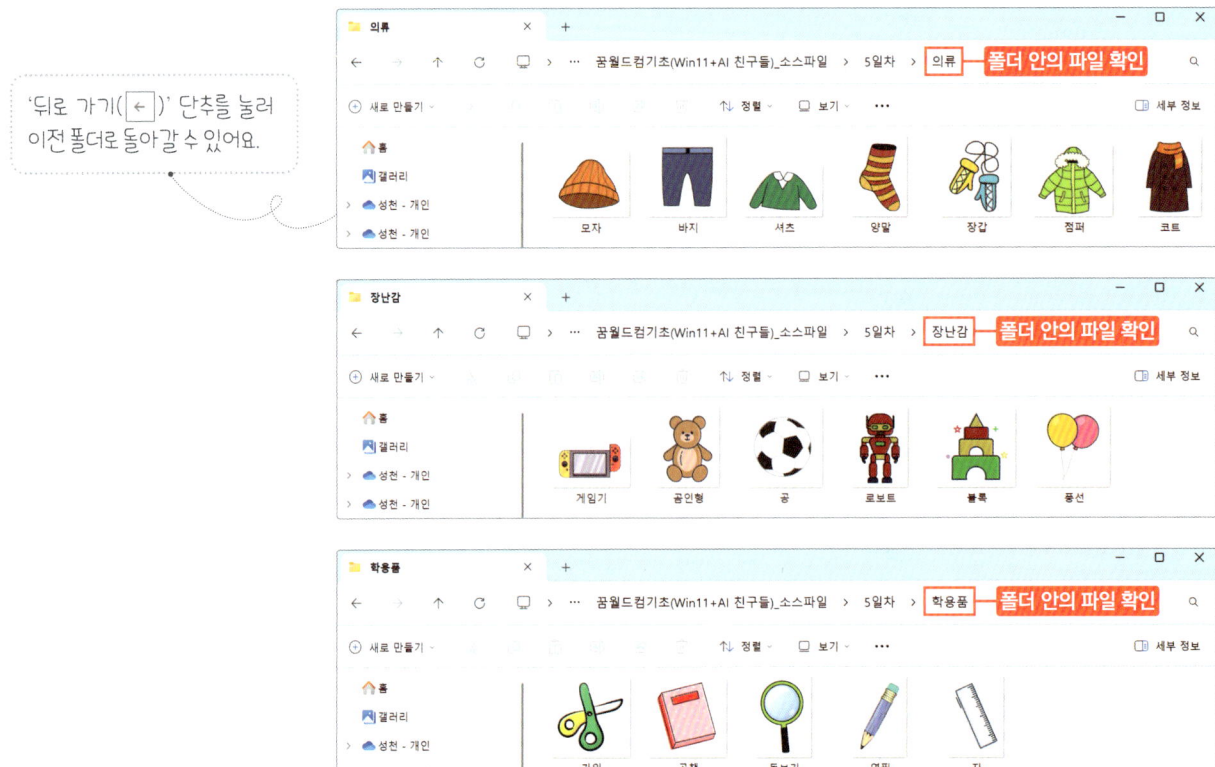

☐ 지금하기 ☐ 나중에 하기

1 [5일차] 폴더 안에 내 이름으로 된 폴더를 추가해 보세요.

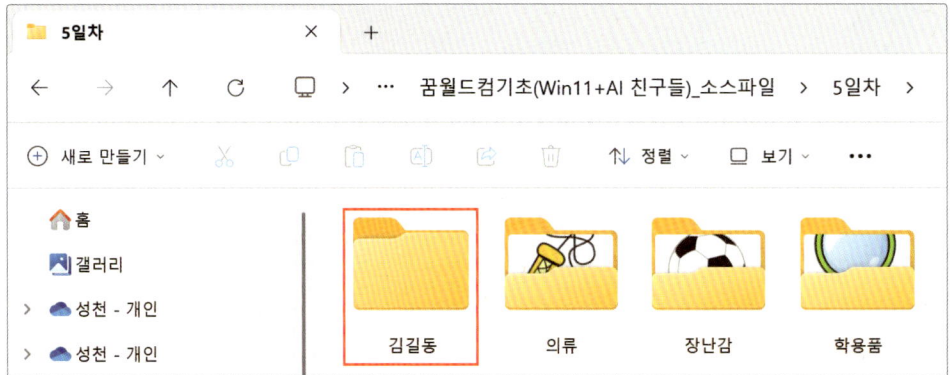

2 추가된 [김길동](내 이름) 폴더에 [의류], [장난감], [학용품] 폴더를 모두 이동시켜 보세요.

▲ [의류] 폴더를 [김길동] 폴더로 드래그하여 이동

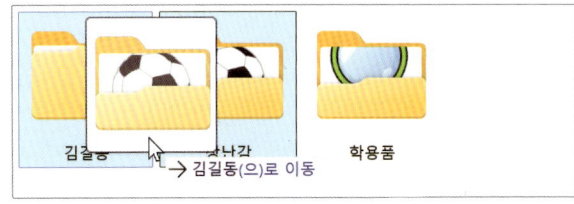 

▲ [장난감] 폴더를 [김길동] 폴더로 드래그하여 이동

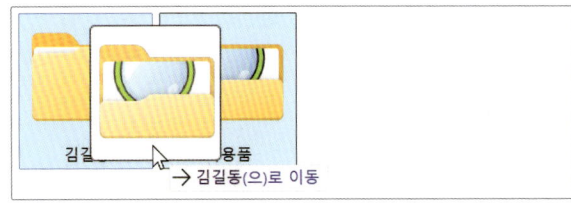 

▲ [학용품] 폴더를 [김길동] 폴더로 드래그하여 이동

'폴더'는 '파일' 뿐만 아니라 다른 이름의 '폴더'도 담을 수 있어요.

CHAPTER 06 파일과 폴더 이사하기

오늘 배울 내용

- K마블 타자 프로그램을 이용하여 [키보드 학습 게임]-[키보드 단어 연습]-[아랫 자리 단어 연습]을 시작합니다.
- 파일과 폴더를 복사/잘라내기 해봅니다.
- 파일을 삭제한 후, 휴지통을 깨끗하게 비웁니다.

K마블 타수

배웅 내용 미리보기!

컴퓨터에서 의미하는 '복사'와 '붙여넣기'란 무엇일까요?

이정도는 상식이지!

복사는 프린터로 출력하는 거고요,

붙여넣기는 종이를 테이프로 붙이는 거예요!

여기가 맞나?

컴퓨터에서 의미하는 '복사'란,

파일이나 폴더를 똑같이 하나 더 만드는 것을 의미해요~!!

'복사'했던 파일을 원하는 위치에 똑같이 만들기 위해서는 반드시 '붙여넣기'를 작업해야 해요.

힌트

'잘라내기'를 이용하면 파일이나 폴더를 이동 시킬 수 있어요.
잘라내기 방법은 '복사 → 붙여넣기'와 비슷하며 '잘라내기 → 붙여넣기' 순서로 작업한답니다!

■ 아래 그림을 보고 컴퓨터와 관련된 단어들을 찾아 표시해 보세요.

카	선	성	중	두	자	비	사	원	동	팔
폴	스	구	이	용	키	소	대	삼	도	셋
더	네	복	모	항	프	관	파	당	수	우
비	우	동	니	린	정	연	일	박	김	최
칠	안	리	터	람	쥐	야	누	마	우	스
겨	을	장	마	온	타	자	나	부	여	섯
당	백	휴	반	악	풍	둘	다	얌	돌	파
잡	크	설	지	바	선	본	구	생	화	바
공	정	키	진	통	가	이	체	오	방	탕
육	보	하	빙	일	너	후	한	디	나	화
드	대	북	기	스	피	커	강	오	잘	면

- 본체
- 모니터
- 키보드
- 마우스
- 프린터
- 스피커
- 폴더
- 파일
- 휴지통
- 바탕화면
- 타자
- 윈도우

단어 목록에는 없지만 새로운 단어를 찾았다면 오른쪽 아래 빈 칸에 적어보세요.

01 파일을 복사한 후, 다른 폴더에 '붙여넣기'를 합니다.

1 [6일차] 폴더를 열어 '선물' 그림 파일 위에서 마우스 오른쪽 단추를 눌러 [복사]를 클릭합니다.

파일을 선택한 후, Ctrl + C 키를 눌러 복사하는 방법도 있어요.

2 [크리스마스] 폴더를 더블클릭한 후, 빈 곳 위에서 마우스 오른쪽 단추를 눌러 [붙여넣기]를 선택합니다.

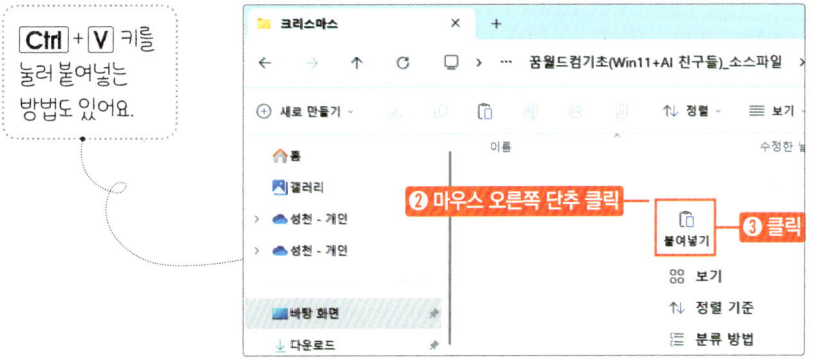

Ctrl + V 키를 눌러 붙여넣는 방법도 있어요.

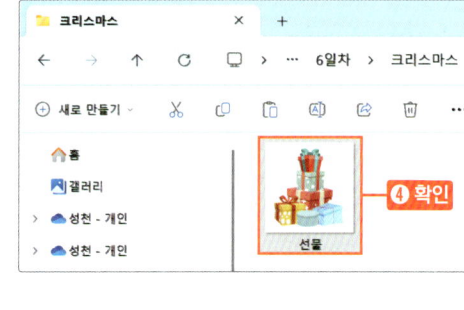

'복사'는 원본이 남아 있어요.

3 '뒤로 이동(←)' 단추를 클릭하여 [6일차] 폴더로 이동한 후, '선물' 그림 파일이 복사된 것을 확인합니다.

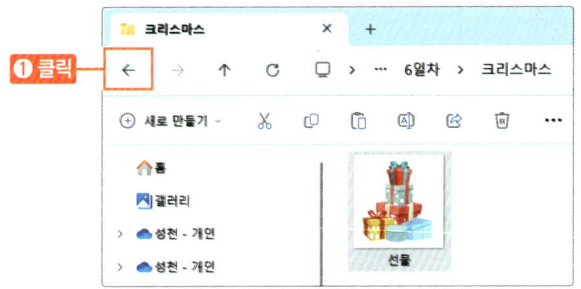

힌트 Ctrl 키를 사용하여 드래그

Ctrl 키를 누른 채 '선물' 그림 파일을 [크리스마스] 폴더로 드래그하면 한 번에 파일을 복사할 수 있습니다.

02 그림 파일을 잘라내어 이동합니다.

파일을 선택한 후, Ctrl + X 키를 눌러 잘라내는 방법도 있어요.

1 [6일차] 폴더의 '떡국' 그림 파일 위에서 마우스 오른쪽 단추를 눌러 [잘라내기]를 클릭합니다.

2 [설날] 폴더를 더블클릭한 후 빈 곳 위에서 마우스 오른쪽 단추를 눌러 [붙여넣기]를 선택합니다.

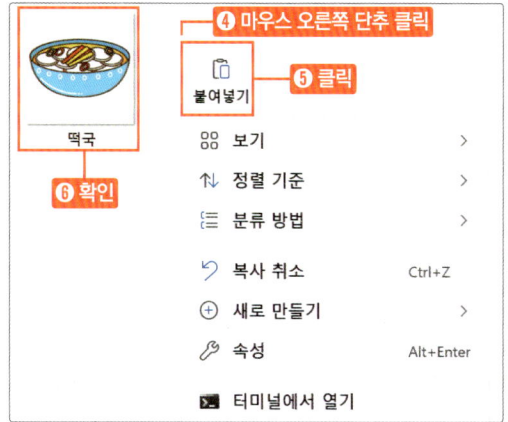

3 '뒤로 이동(←)' 단추를 클릭하여 [6일차] 폴더로 이동한 후, '떡국' 그림 파일이 사라진 것을 확인합니다.

잘라내기 한 후 다른 곳에 [붙여넣기] 하면 원본은 사라짐(이동과 같음)

힌트 - 잘라내기 기능에 대해 알아보자!

잘라내기 기능은 파일을 컴퓨터의 특정 공간에 임시로 이동시키는 기능으로 파일이 삭제되지는 않습니다. 복사를 이용하면 여러 곳에 동일한 파일을 복제하여 옮길 수 있지만 지정된 한 곳에만 파일을 이동시키기 위해서는 잘라내기 기능을 이용하도록 합니다.

03 파일을 삭제하면 '휴지통'으로 이동해요.

1 불필요한 파일을 삭제하기 위해 '호루라기' 그림 파일 위에서 마우스 오른쪽 단추를 눌러 [삭제]를 클릭합니다.

파일을 선택한 후, Delete 키를 눌러 삭제하는 방법도 있어요.

2 [파일 탐색기] 창의 '최소화(－)' 단추를 눌러 바탕화면이 표시되면 '휴지통' 아이콘을 더블클릭합니다.

힌트 — 휴지통 아이콘 모양의 변화

▲ 휴지통이 비어있는 경우   ▲ 휴지통에 파일이 있는 경우

③ 휴지통 안의 삭제된 '호루라기' 그림 파일을 선택한 후, [휴지통 도구] 탭에서 '휴지통 비우기(🗑)'를 클릭하여 파일을 완전히 삭제합니다.

휴지통에 있는 파일을 비우기 하면 복구가 불가능해요.

[휴지통 도구] 탭에서 '선택한 항목 복원(↺)'을 클릭하면 선택된 파일이 마지막 위치로 이동(복원) 됩니다.

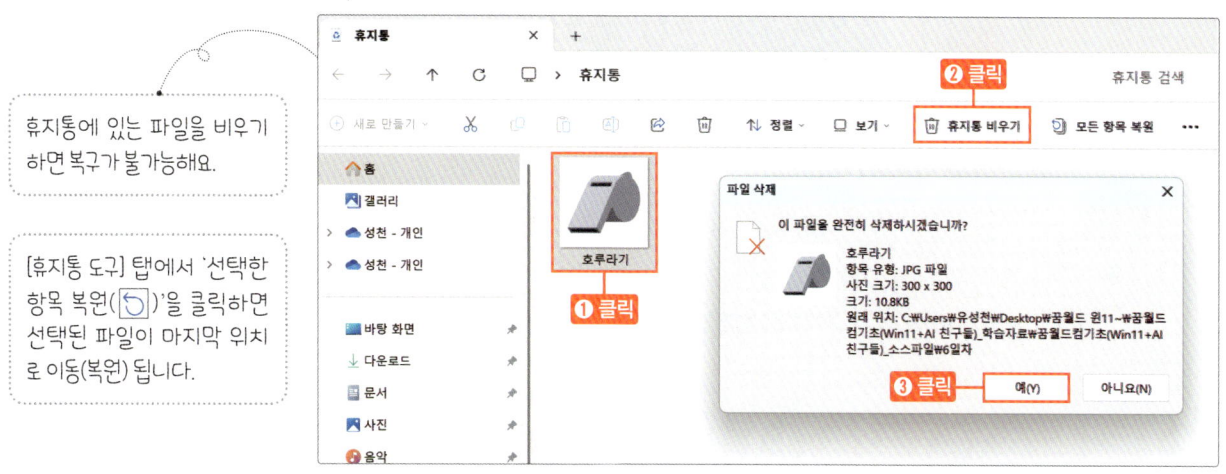

CHAPTER 06 혼자서 뚝 딱 뚝 딱

☐ 지금하기 ☐ 나중에 하기

① 이동/복사/잘라내기/삭제 등의 기능을 활용하여 [6일차] 폴더 안에 다양한 그림 파일들을 각각의 기념일 폴더로 옮겨보세요.

② '설날' 폴더를 삭제한 후, 복원 시켜보세요.

③ 바탕화면의 '휴지통(🗑)'을 깨끗하게 비워보세요.

휴지통 아이콘 위에서 마우스 오른쪽 단추를 눌러 [휴지통 비우기]를 선택하는 방법도 있답니다!

CHAPTER 06 파일과 폴더 이사하기 **039**

CHAPTER 07 앱 실행 및 실행 창 가지고 놀기

오늘 배울 내용

- K마블 타자 프로그램을 이용하여 [키보드 학습 게임]-[키보드 단어 연습]-[시프트 자리 단어 연습]을 시작합니다.
- 앱을 실행해 보고 자주 사용하는 앱을 시작 화면에 고정시킵니다.
- 창의 위치와 크기를 조절하는 방법을 알아봅니다.

K마블 타수

배울 내용 미리보기!

 창의력 뿜뿜

1~5 앱은 스마트폰에서, 6~8 앱은 컴퓨터에서 찾아볼 수 있어요.

■ 앱이란 컴퓨터 또는 스마트폰에서 실행되는 응용 프로그램들을 말해요. 친구들의 스마트폰에는 어떤 앱들이 설치되어 있나요? 아래 그림을 보고 어떤 앱인지 맞춰보세요.

① [　　　　　]   ② [　　　　　]
③ [　　　　　]   ④ [　　　　　]
⑤ [　　　　　]   ⑥ [　　　　　]
⑦ [　　　　　]   ⑧ [　　　　　]

01 여러 가지 앱(프로그램) 실행해 보기

1　[시작(■)]-[모두(모두 ›)] 단추를 클릭한 후, 스크롤 바를 아래쪽으로 내려 [날씨()] 앱을 선택합니다.

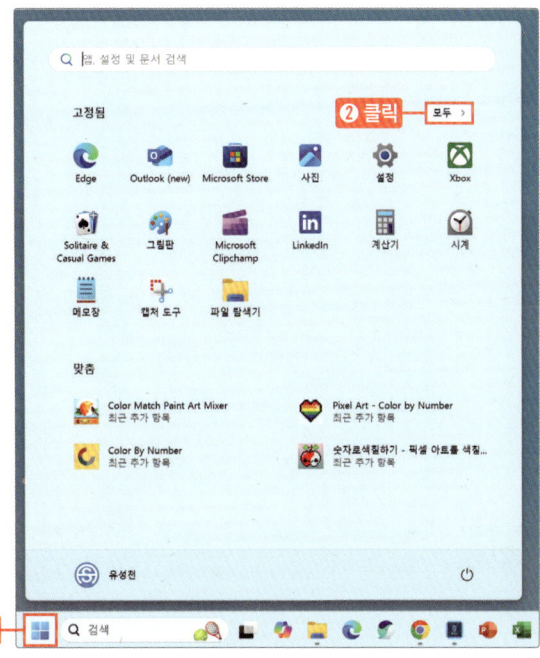

2 [날씨( )] 앱이 실행되면 오른쪽 '검색' 입력 칸에 원하는 지역의 이름을 입력한 후, 해당 지역의 날씨를 확인해 봅니다.

3 앱을 살펴본 후, 닫기( )를 눌러 앱을 종료합니다

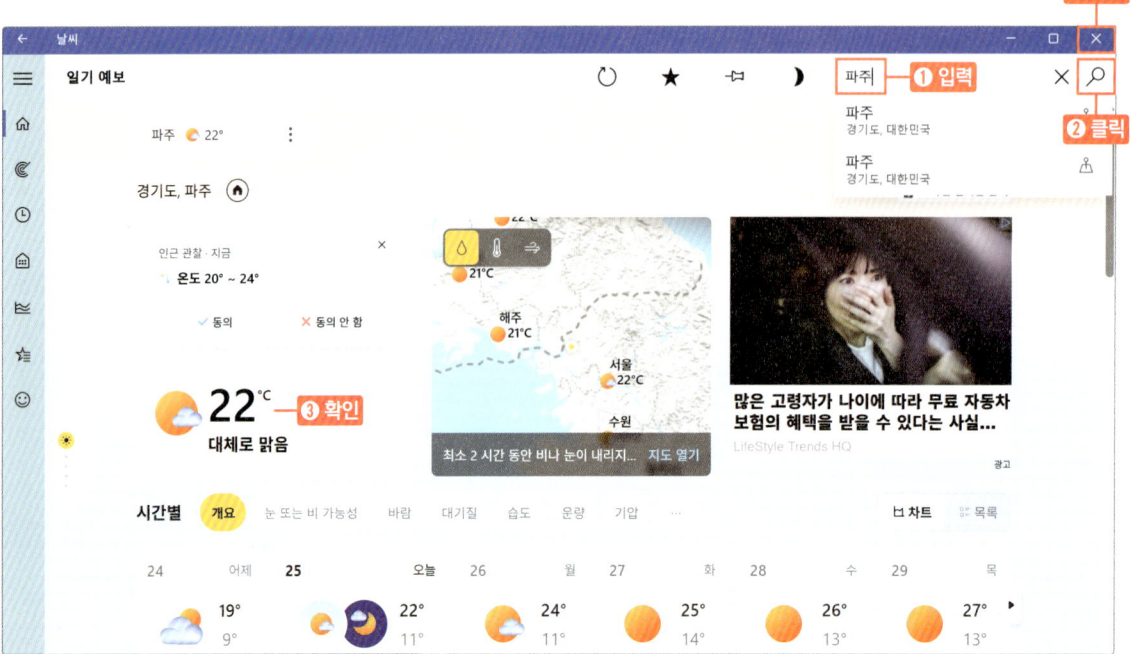

힌트 앱을 빠르게 찾을 수 있는 방법

❶ [시작( )] 단추를 눌러 전체 앱 목록이 나오면 '알파벳' 또는 '한글 자음'을 눌러 원하는 앱을 쉽게 찾을 수 있습니다.

❷ [시작( )] 단추 오른쪽 검색 칸( )에 앱의 이름을 직접 입력( )하여 쉽게 찾을 수 있습니다.

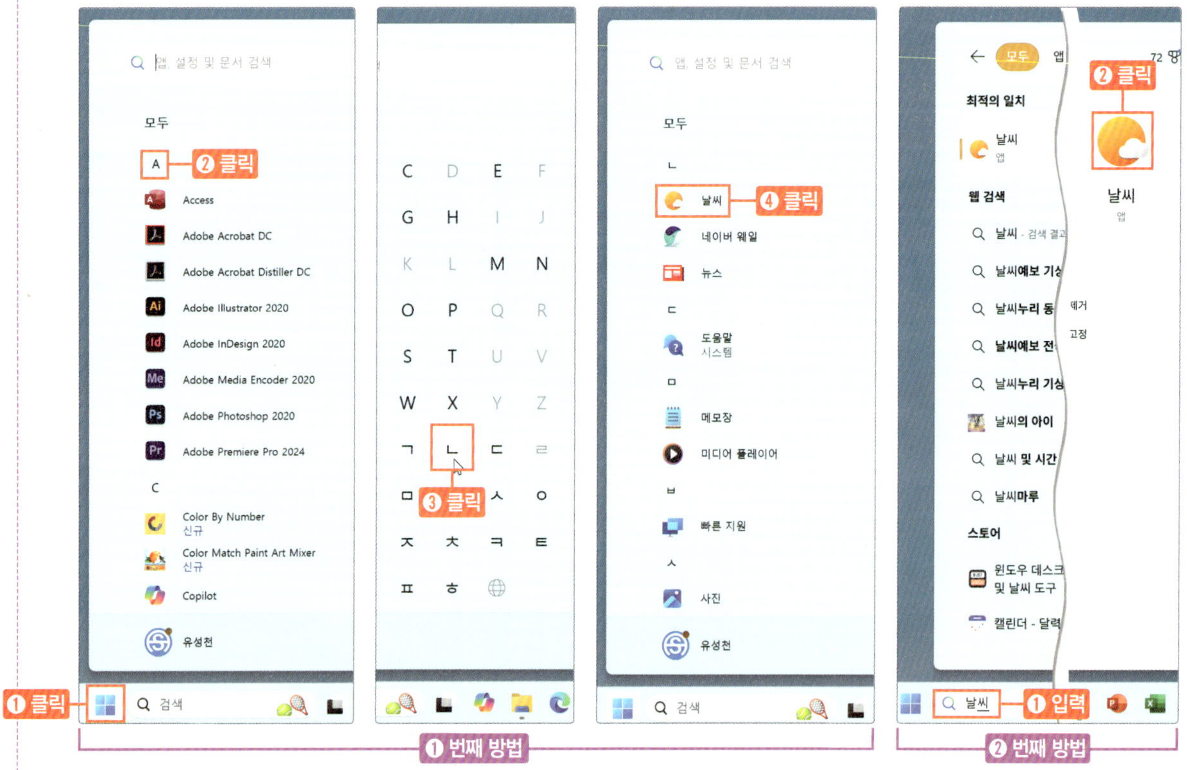

02 자주 사용하는 앱은 시작 화면에 고정시켜 사용합니다.

1 '날씨( )' 앱을 시작 화면에 고정시켜 봅니다.
▶ [시작( )]-[모두(모두 >)]-[날씨( )] 앱 위에서 마우스 오른쪽 단추 클릭-[시작 화면에 고정]

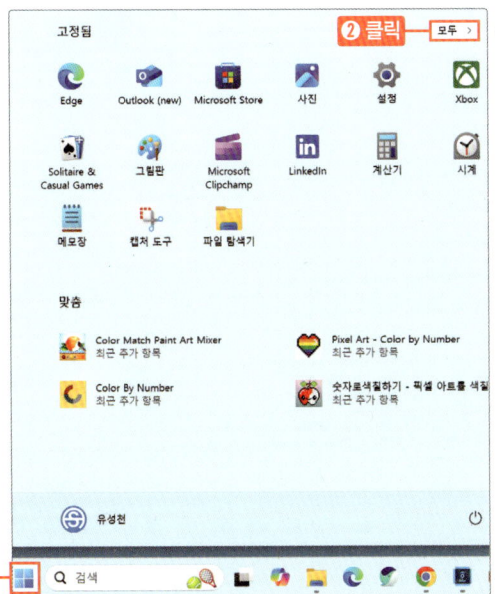 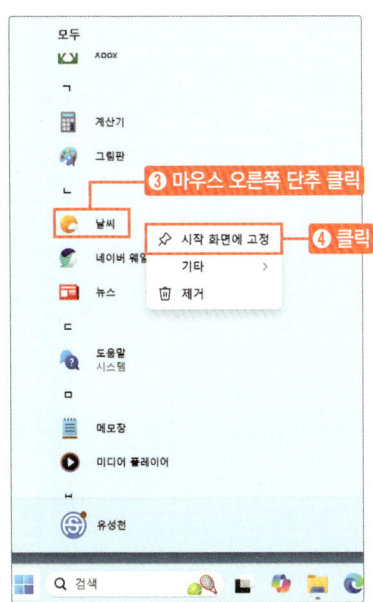 

2 선택한 앱이 고정되면 같은 방법으로 필요한 앱(한글 2022, PowerPoint, Excel)을 시작 화면에 고정시킵니다.

힌트 — 시작화면에 고정된 앱을 제거하기

- 시작 화면에 고정된 앱 중 제거하려는 앱 위에서 마우스 오른쪽 단추를 눌러 [시작 화면에서 제거]를 클릭합니다.
- 시작 화면에 고정된 앱을 제거하는 것은 앱을 컴퓨터에서 삭제하는 것이 아니라 시작 화면에 고정된 앱에서 보이지 않도록 하는 거에요.

03 실행된 앱의 창(화면)이 너무 작아요.

1. [검색( )] 칸에 '메모장'을 입력한 후, [메모장 앱]을 클릭하여 실행합니다.

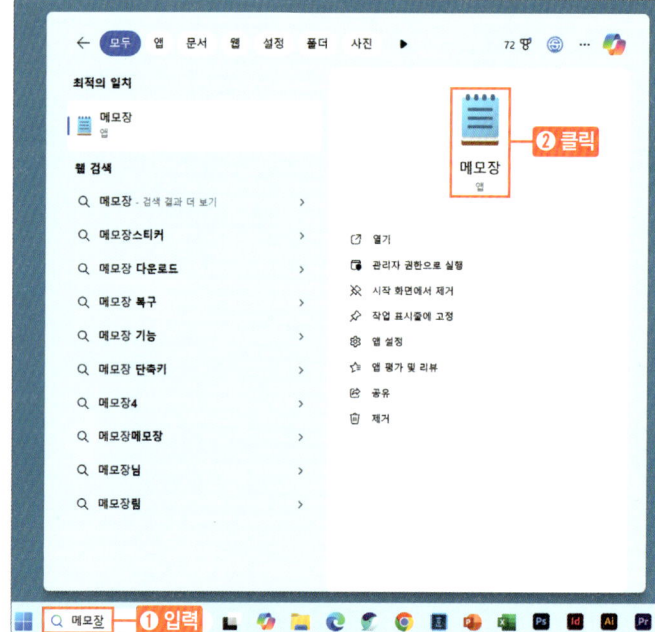

2. [메모장( )] 앱이 실행되면 오른쪽 테두리에 마우스 포인터를 올려놓고 드래그하여 창의 크기를 조절합니다.

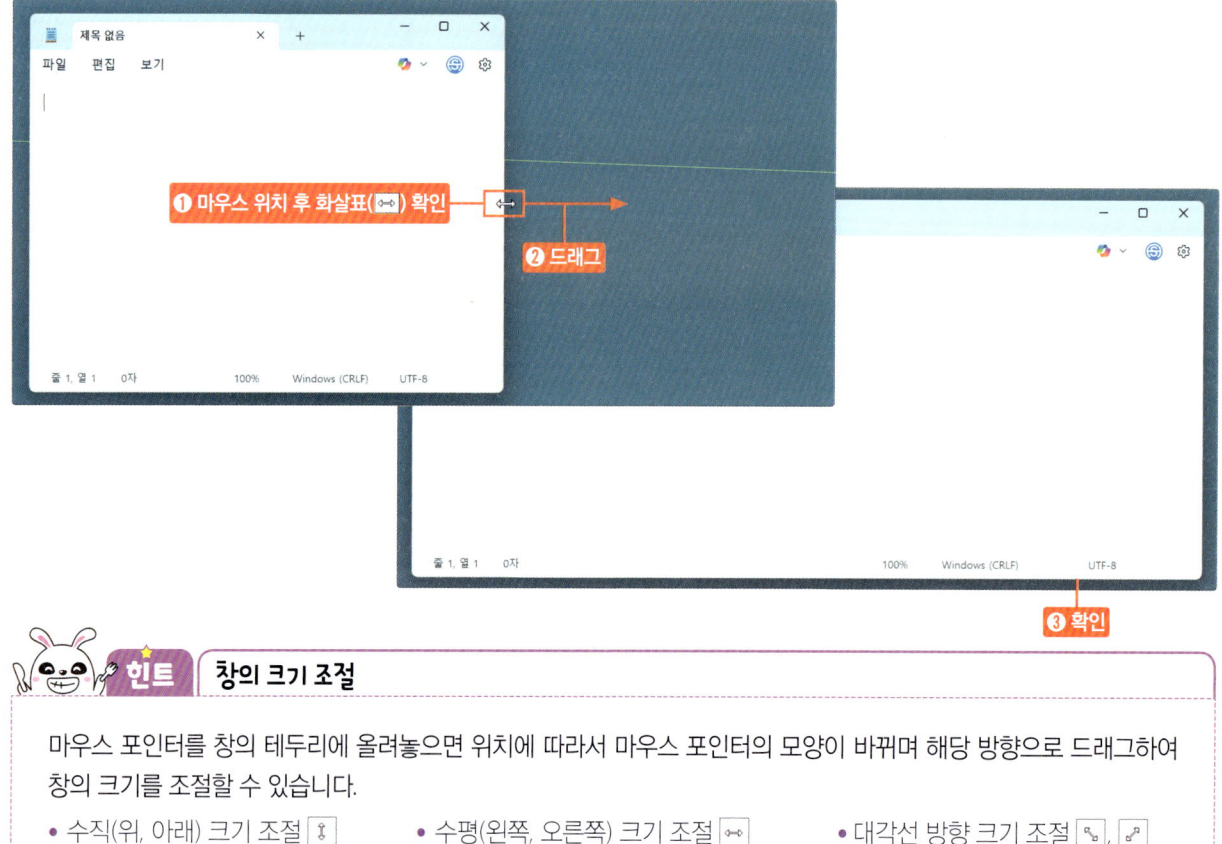

힌트 | 창의 크기 조절

마우스 포인터를 창의 테두리에 올려놓으면 위치에 따라서 마우스 포인터의 모양이 바뀌며 해당 방향으로 드래그하여 창의 크기를 조절할 수 있습니다.

- 수직(위, 아래) 크기 조절
- 수평(왼쪽, 오른쪽) 크기 조절
- 대각선 방향 크기 조절

> **힌트** 창 조절 단추(- □ ×) : 모든 앱의 위, 오른쪽에 있어요!
>
> ❶ **최소화**(-) **단추** : 창의 크기가 최소화되며 해당 앱은 작업 표시줄에서 확인할 수 있습니다.
> ❷ **최대화**(□) **단추** : 창의 크기를 모니터 크기에 맞추어 확대합니다. 최대화된 창의 크기를 원래 크기로 변경하려면 '이전 크기로 복원(❐)'을 클릭합니다.
> ❸ **닫기**(×) **단추** : 현재 열려 있는 창을 닫습니다.

CHAPTER 07 혼자서 뚝딱뚝딱

☐ 지금하기 ☐ 나중에 하기

① 시작 화면에 고정된 앱들을 하나의 그룹으로 묶어보세요.

1. 자주 사용되는 앱(계산기, 시계, 그림판 등 내가 좋아하는 앱)을 다른 앱 위로 드래그합니다.
2. 시작 화면에 그룹으로 묶인 앱을 클릭합니다.
3. 그룹 이름 지정이 창이 나오면 '이름 편집' 입력칸을 클릭하여 원하는 그룹명을 입력합니다.

② 원하는 앱을 실행한 후, (키보드에서 ⊞(윈도우, Win) 키를 누른 상태에서 방향키(↑, ↓, →, ←)를 누르면 창의 크기가 어떻게 변하는지 확인한 후, 간단하게 적어보세요.

1. 윈도우 키(⊞) + 왼쪽 방향키(←)

2. 윈도우 키(⊞) + 오른쪽 방향키(→)

3. 윈도우 키(⊞) + 위쪽 방향키(↑)

4. 윈도우 키(⊞) + 아래쪽 방향키(↓)

CHAPTER 08 단원 종합 평가 문제

오늘 배울 내용
- K마블 타자 프로그램을 이용하여 [키보드 학습 게임]-[키보드 단어 연습]-[전체 자리 단어 연습]을 시작합니다.
- 1일차~7일차에서 배운 내용을 평가해 봅니다.

K마블 타수

1 컴퓨터를 켜는 순서를 숫자로 표현해 보세요.

(   )   (   )   (   )

2 마우스 사용법의 이름을 적어보세요.

| 딸깍 | 딸깍딸깍 | 딸 ~ ~ ~ 깍 | 드르륵 |

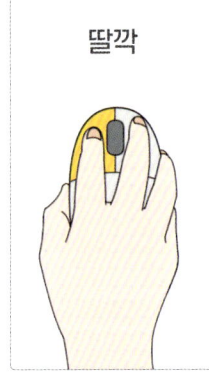 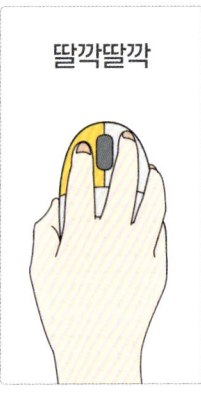 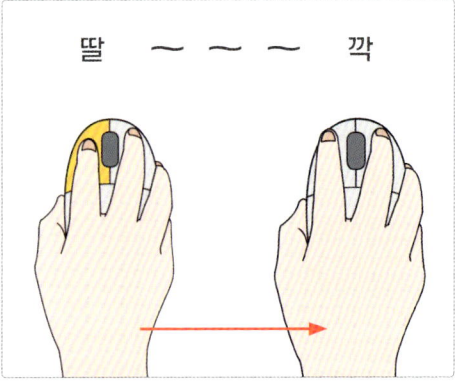 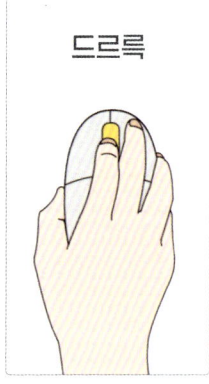

왼쪽 단추   왼쪽 단추   왼쪽 단추 한 번 누른 상태에서   가운데 휠
한 번 누름   두 번 빠르게 누름   이동 후 땜   위 아래로 움직임

(   )   (   )   (   )   (   )

3 **[8일차] 폴더 안의 파일과 폴더로 아래 내용을 완성해 보세요.**

① [복사연습]과 [이동연습] 폴더를 만들어요.
② 학습에 관련된 그림을 [복사연습] 폴더로 복사해 보세요.
③ 놀이와 운동에 관련된 그림을 [이동연습] 폴더로 이동해 보세요.

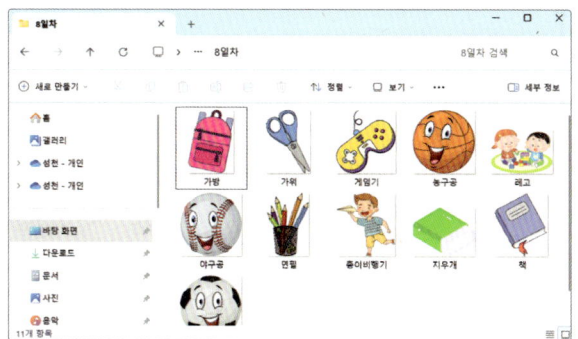

4 **그림 속에 숨어 있는 컴퓨터의 주변장치들을 찾아 표시해 보세요.**

• 숨은 그림 : 모니터, 본체, 마우스, 키보드, 프린터

※ 남는 시간에는 K마블 타자연습을 합니다.

CHAPTER 09 나는 멋진 어린이 화가

오늘 배울 내용

- K마블 타자 프로그램을 이용하여 [키보드 학습 게임]-[키보드 단어 연습]-[컴퓨터 단어 연습]을 시작합니다.
- 여러 가지 색상을 혼합했을 때 어떤 색이 만들어지는지 알아봅니다.
- 색칠공부 프로그램(앱)을 이용하여 멋진 작품을 만들어 봅니다.

K마블 타수

배울 내용 미리보기!

 오호~! 색감이 살아있는데? 나도 해보고 싶다!

 내가 조합한 색으로 색칠한 거야. 멋지지? 같이 만들어보자!

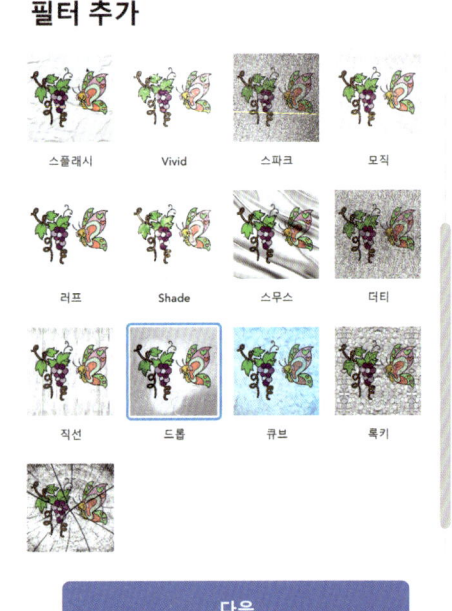

1. [9일차] 폴더 안에 '페인팅' 파일을 실행합니다. 이어서, 각각의 페인트를 클릭한 후, 어떤 색상이 나오는지 올바른 색상에 '○' 표시를 합니다.

2. [9일차] 폴더 안에 '픽셀 색상' 파일을 실행합니다. 'ⅹ', 'O', '♥', '★' 픽셀에 지정한 색을 클릭한 후, 어떤 그림이 나타나는지 적어봅니다.

정답:

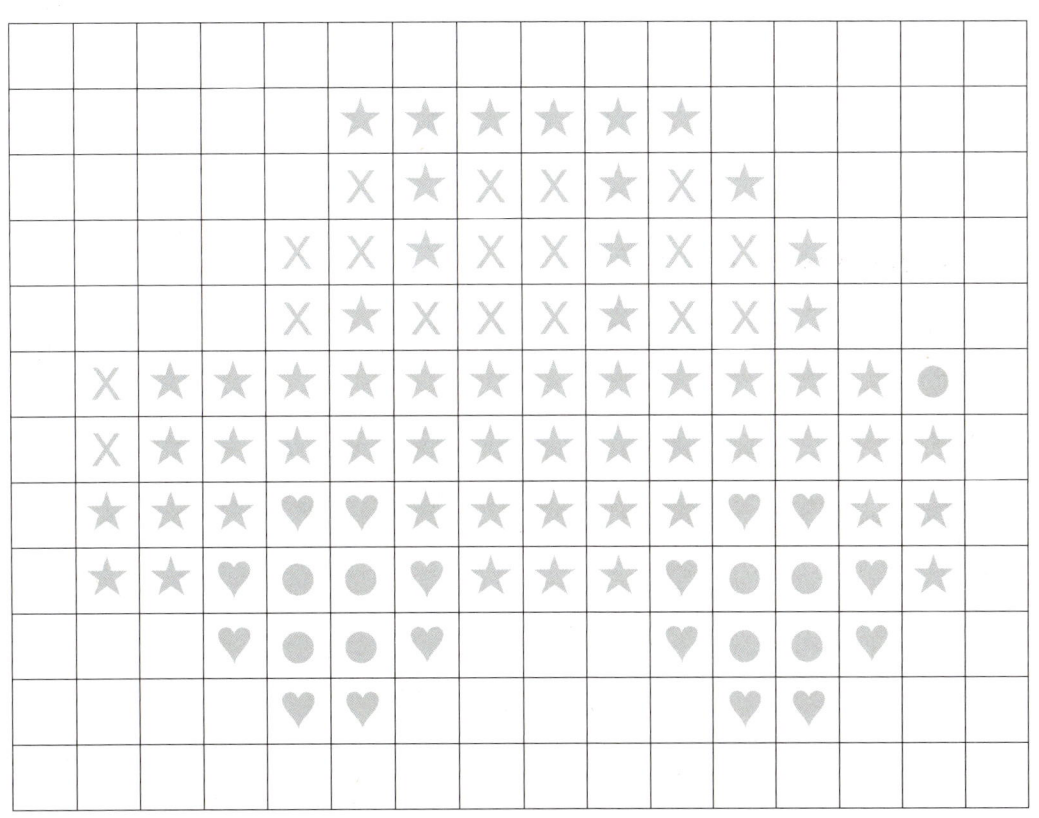

01 색칠 공부 앱을 설치합니다.

1 '색칠 공부' 앱을 다운로드 및 설치합니다.

➡ [시작(■)]-[Microsoft Store(■)]-'어린이 색칠 공부' 검색-'귀여운 어린이 색칠 공부' 다운로드 및 설치

'마이크로소프트 스토어'라고 읽어요.

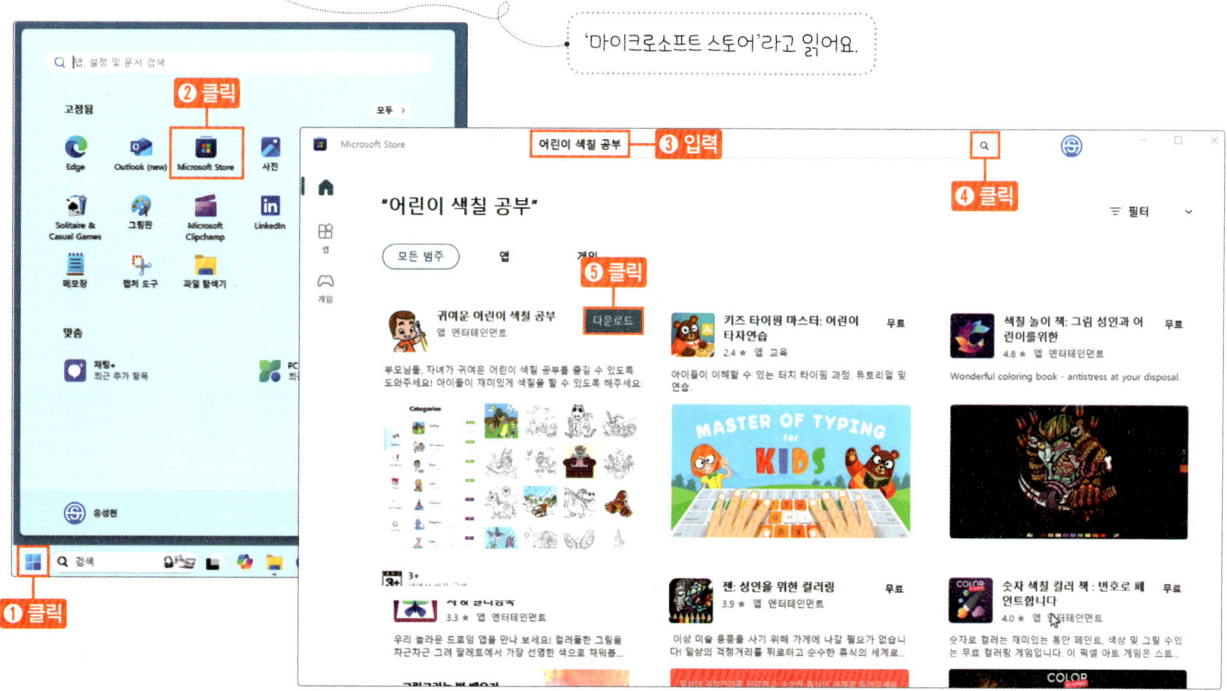

2 설치가 완료되면 [Microsoft Store] 창을 종료한 후, [시작]-'색칠 공부' 앱을 클릭합니다.

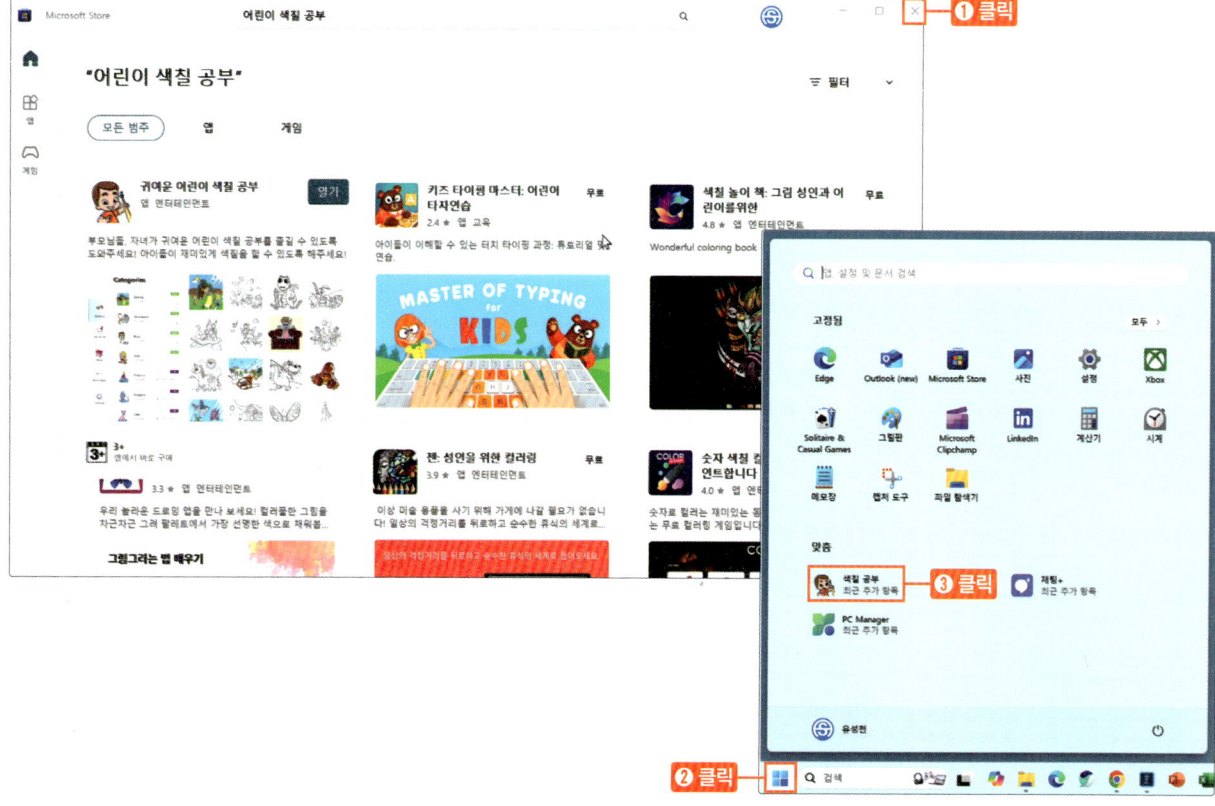

3 영어로 나오는 앱을 한글로 변경합니다. 먼저 'Settings()'을 클릭한 후, [설정] 창에서 언어를 '한국어'로 변경해요. 이어서 '종료(×)' 단추를 클릭합니다.

'셋팅'이라고 읽어요.

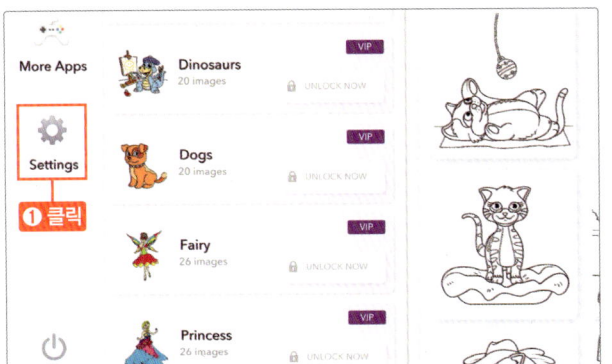
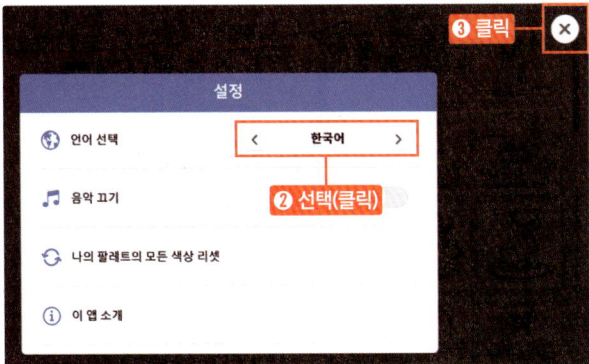

02 내가 원하는 그림을 선택하고 색을 칠해요.

1 무료 그림 중 원하는 그림을 클릭합니다.

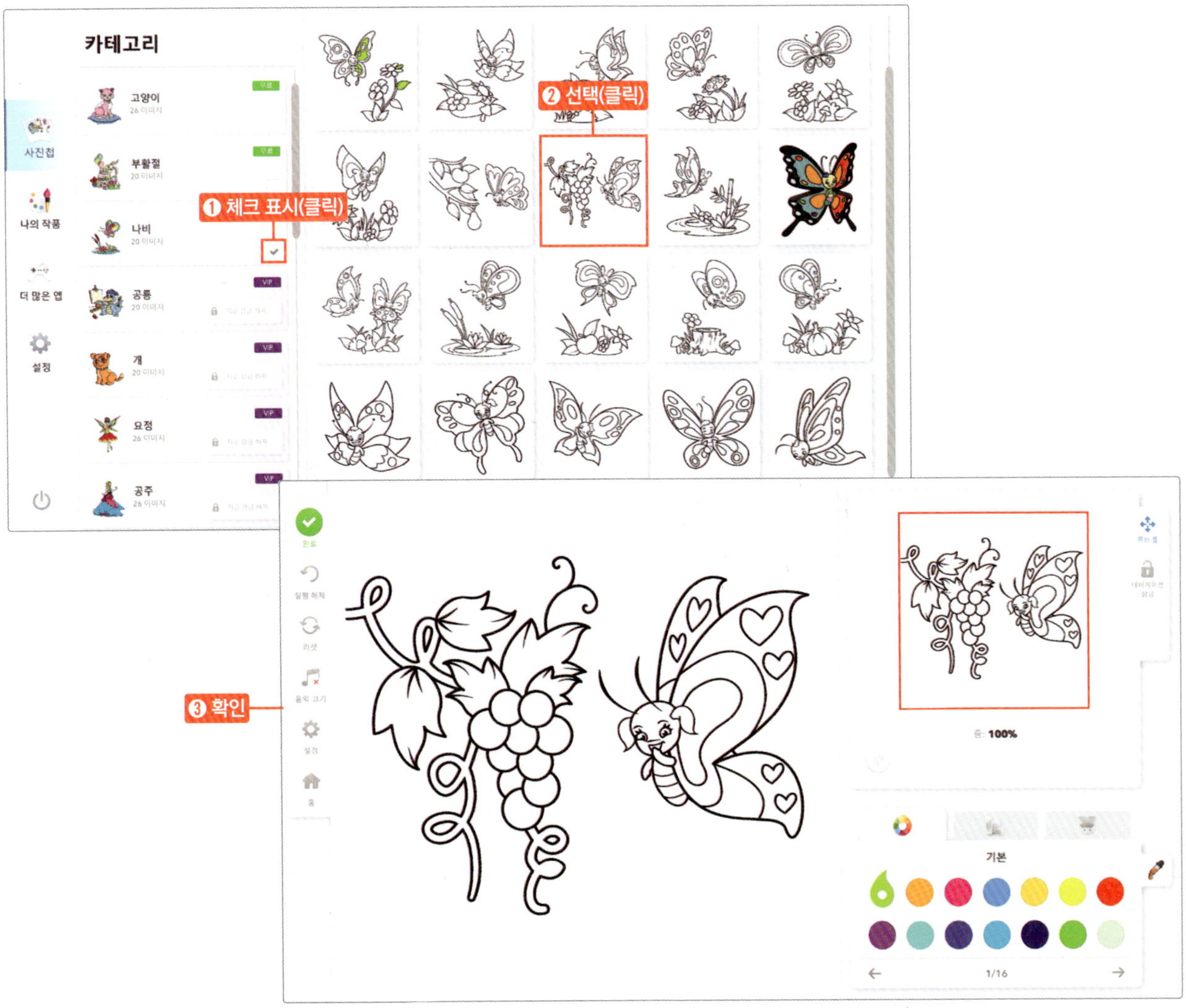

CHAPTER 09 나는 멋진 어린이 화가

2 [기본(🎨)] 탭의 색상에서 좋아하는 색을 선택한 후, '가지'와 '잎'을 클릭하여 색을 칠합니다.

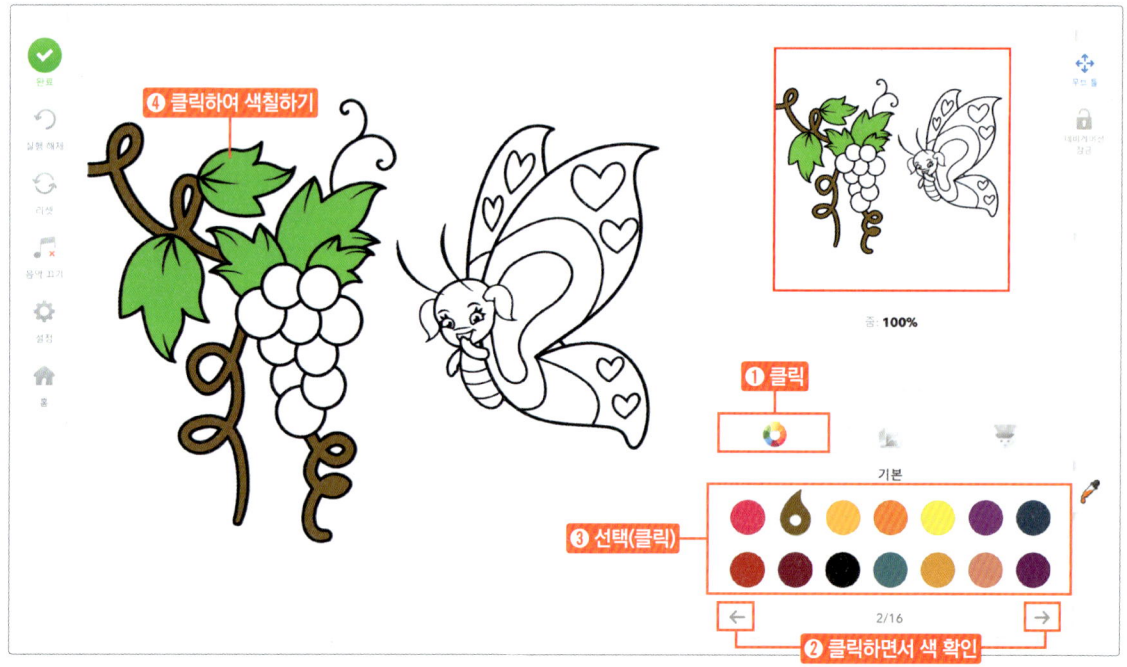

3 포도색의 농도(진하기)를 찾기 위해 [명암(🖼️)] 탭의 색상에서 9페이지로 이동한 후, 그림과 같이 포도의 익힘 정도를 표현하기 위해 진하기가 다른 색으로 '열매'에 색을 칠합니다.

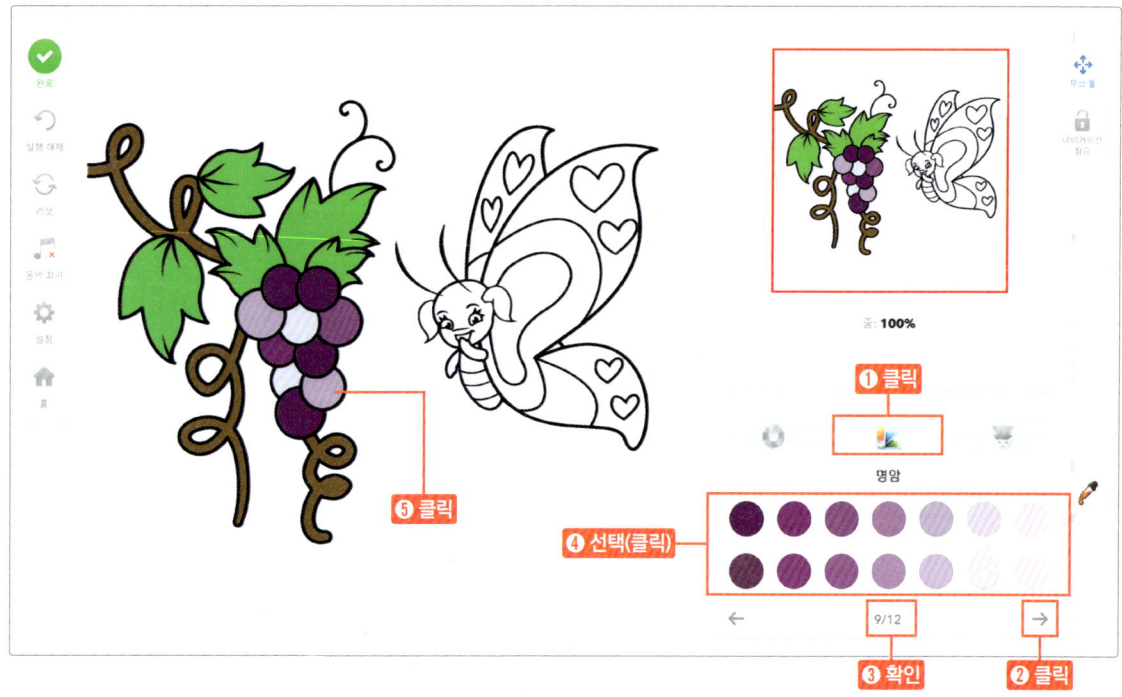

03 내가 좋아하는 색을 만들어 색칠해요.

1 [나의 팔레트(🎨)] 탭을 클릭한 후, 더하기(+) 단추를 눌러 내가 원하는 색을 만들 수 있어요.

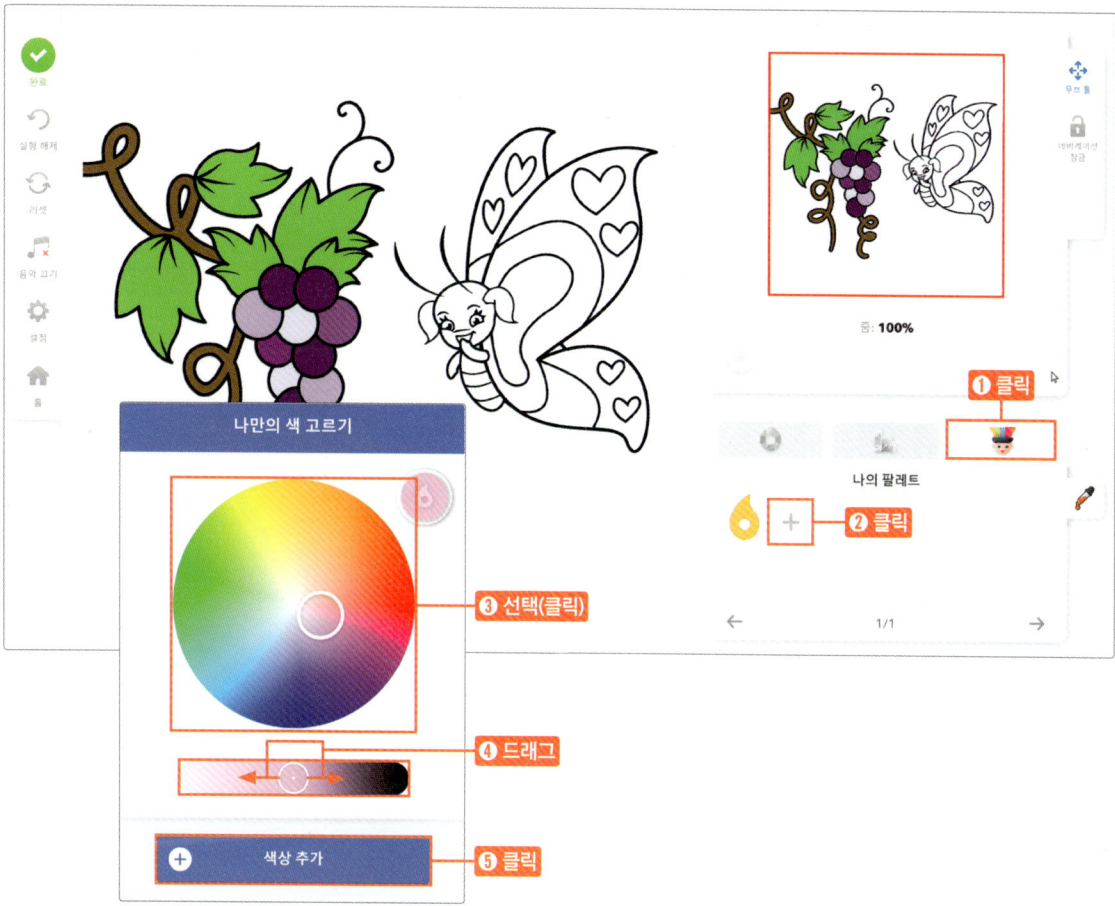

2 [기본(🎨) 탭]의 색상과 [나의 팔레트(🎨)] 색으로 오른쪽 '나비'에 색을 칠해요.

CHAPTER 09 나는 멋진 어린이 화가 **053**

3. 그림이 완성되면 [완료(✓)] 메뉴를 클릭해서 필터를 추가한 후, 저장해 보아요.

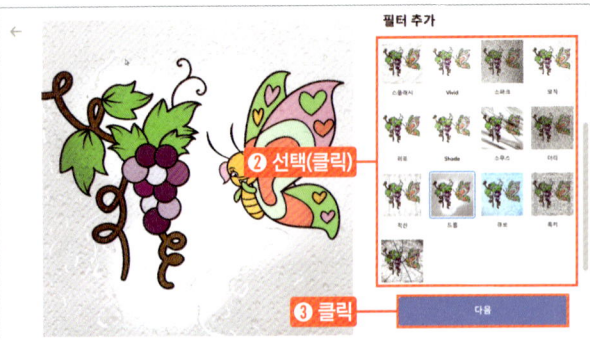

CHAPTER 09

혼자서 뚝딱뚝딱

☐ 지금하기 ☐ 나중에 하기

① '색칠 공부' 앱에서 원하는 그림으로 색칠하기 작품을 완성합니다.

CHAPTER 10 그림판으로 동생 캐릭터 만들기

오늘 배울 내용

- K마블 타자 프로그램을 이용하여 [키보드 학습 게임]-[키보드 단어 연습]-[과학, 탐구 단어 연습]을 시작합니다.
- 그림판 앱을 이용하여 그림을 불러옵니다.
- 다양한 도구를 활용하여 캐릭터를 완성해 봅니다.

K마블 타수

배울 내용 미리보기!

- 와~~ 귀여운 동생들이네~
- 그림판 앱을 이용하면 이렇게 간단한 그림부터
- 그림판 앱으로 멋진 작품을 만들 수 있어요!!!
- 헐..대박

창의력 뿜뿜

■ 캐릭터를 그릴 때는 눈썹, 눈, 코, 입 등의 모양을 변경하여 다양한 표정을 만들 수 있어요. 아래 캐릭터의 행동을 보고 어떤 상황인지 간단하게 적어본 후 상황에 알맞은 표정을 그려보세요.

※ [10일차]-[캐릭터] 폴더 참고

01 그림판 앱에 그림 파일을 불러옵니다.

1 [검색( )] 칸에 '그림판'을 입력한 후, [그림판()] 앱을 실행시킵니다.

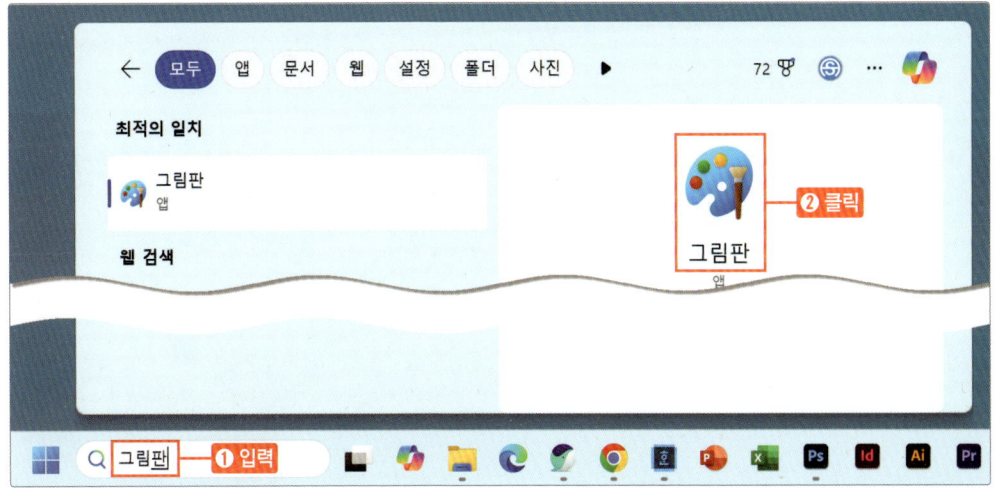

2 캐릭터를 만들 '그림판_컴놀캐릭터.png' 파일을 불러옵니다.
➡ [파일]-[열기( )]-[파일 탐색기]-[10일차]-'그림판_컴놀캐릭터.png'

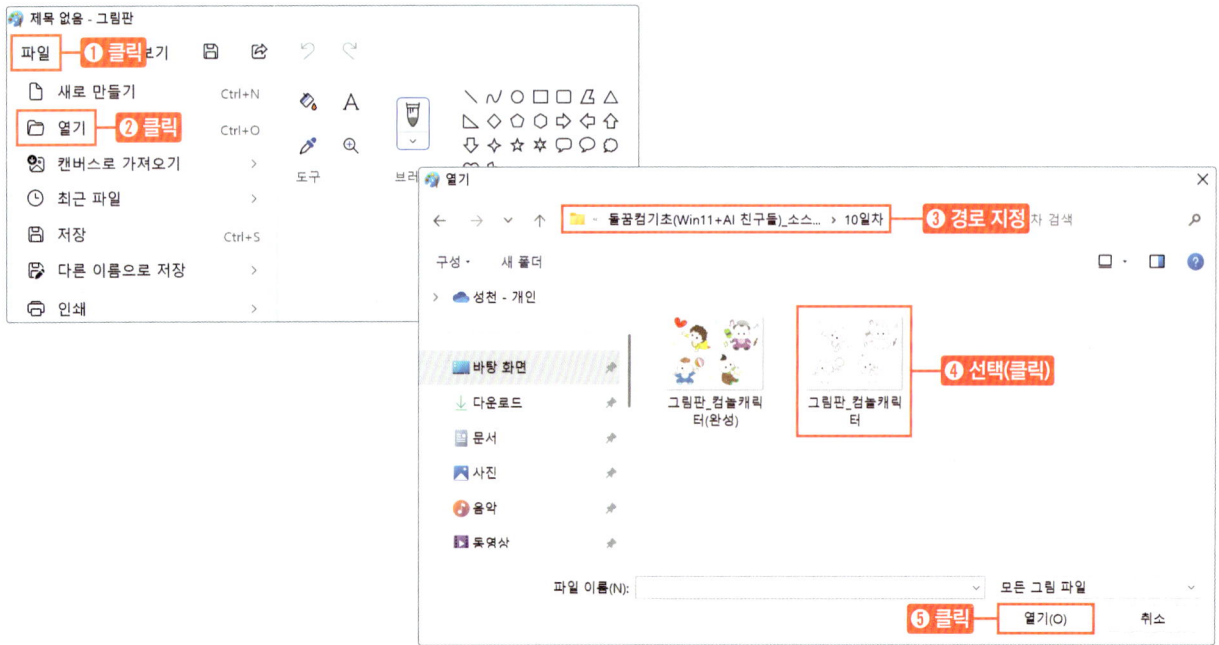

02 채우기 도구를 이용하여 그림에 색을 칠합니다.

1 불러온 그림을 크게 확대한 후, 캐릭터의 얼굴이 보이도록 위치를 조절합니다.

2 [도구]-[채우기()] 도구를 클릭합니다.

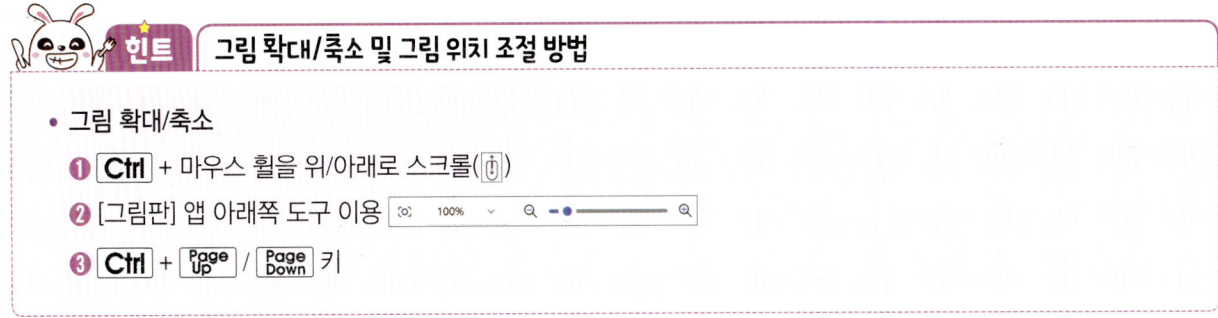

3 '색 편집( )'을 클릭하여 자주 사용될 '연한 주황색'을 색상 팔레트에 추가합니다

4 캐릭터의 얼굴과 양쪽 손을 클릭하여 '연한 주황색'을 채워줍니다

03 다른 도구를 이용하여 그림을 그려봅니다.

1 수채화 브러시 도구를 활용하여 색을 지정합니다.
➡ [브러시(　)]-[목록단추(∨)]-[수채화 브러시(～)]
➡ [두께(50px)], '다홍'색

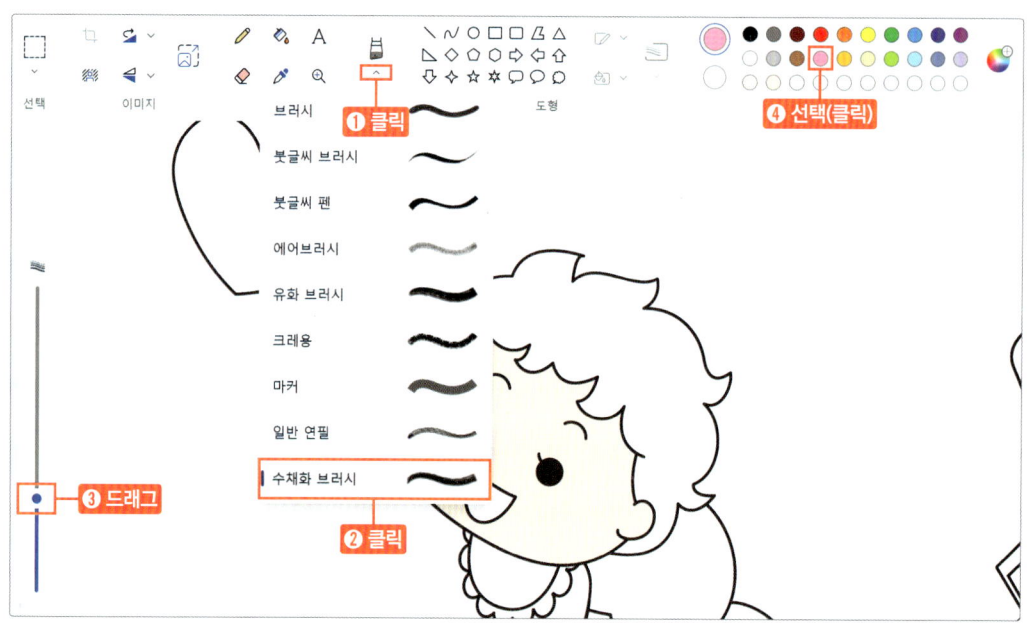

2 캐릭터의 '볼' 부분을 그림과 같이 드래그하여 색칠합니다.

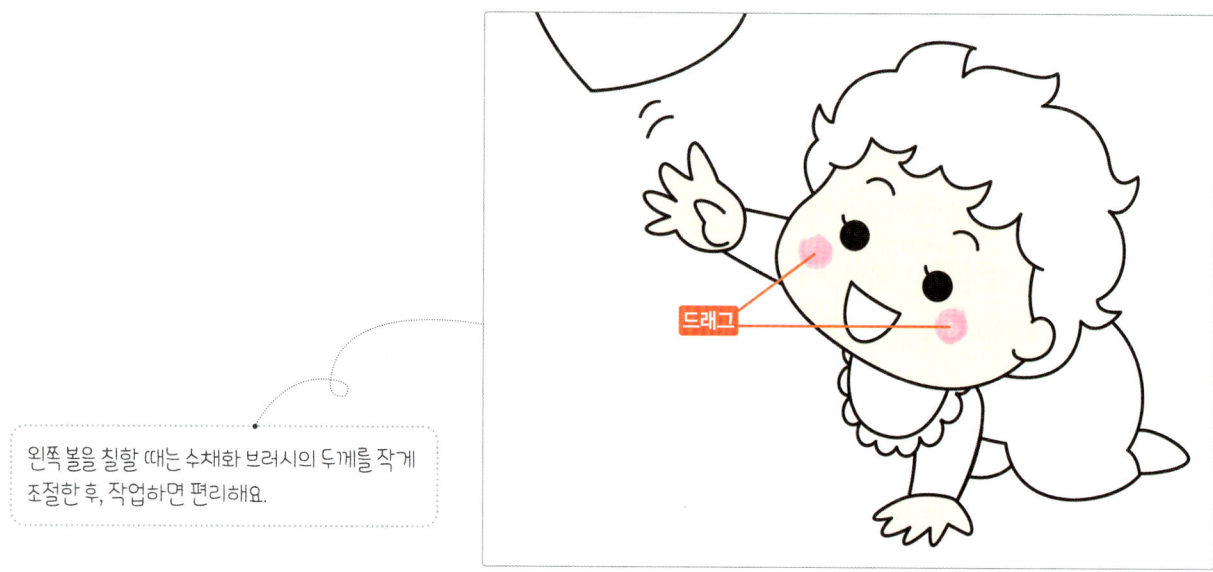

왼쪽 볼을 칠할 때는 수채화 브러시의 두께를 작게 조절한 후, 작업하면 편리해요.

CHAPTER 10

혼자서 뚝딱뚝딱

☐ 지금하기 ☐ 나중에 하기

1 다양한 브러시를 활용하여 작품을 완성해 보세요.

1 크레용 : 크레용 질감으로 색상을 칠할 수 있어요.

2 에어브러시 : 스프레이 질감으로 색상을 칠할 수 있어요.

2 작품을 저장해 보세요.

1 [파일]-[다른 이름으로 저장]-[PNG 그림]을 클릭한 후, [바탕 화면]에 자신의 이름으로 저장합니다.

2 [파일 탐색기]를 실행하여 [바탕 화면]에 예쁘게 채색된 그림 파일을 확인합니다.

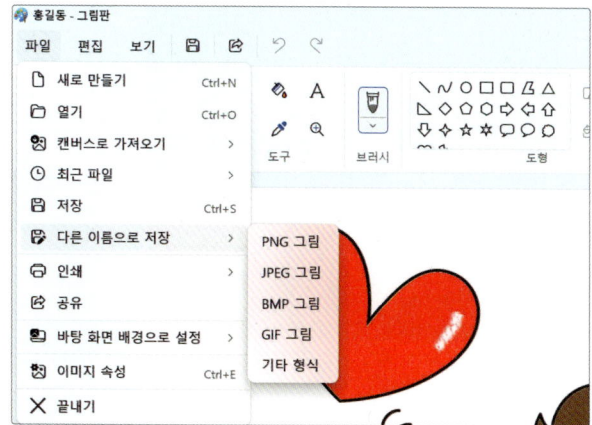 

CHAPTER 11 · 3D 세상 구경해요~

오늘 배울 내용

- K마블 타자 프로그램을 이용하여 [키보드 학습 게임]-[키보드 단어 연습] -[한국사, 세계사 단어 연습]을 시작합니다.
- 2D와 3D의 차이를 알아봅니다.
- 3D 뷰어 앱을 실행하여 다양한 이미지들을 살펴봅니다.

K마블 타수

배울 내용 미리보기!

여러 면을 드래그하여 볼 수 있어요.

쓰리디?
부디?
뜨리디?

박사님~ 혹시 3D가 뭔가요? ??

3D는 3차원으로 만들어진 그래픽이에요! 애니메이션이나 게임에서 많이 사용되고 있어요!

 창의력 플러스

■ 3D란 3차원으로 만들어진 그래픽을 말해요. 2D는 종이에, 3D는 공간에 그림을 그려서 표현한 것으로 3D는 더욱 입체적이고 현실감이 있지요. 대표적인 2D 게임에는 '메이플 스토리', 3D 게임에는 '마인크래프트'가 있답니다.

▶ 아래 보기에서 2D 이미지와 3D 이미지를 구분하여 체크해보세요.

①  ☐ 2D ☐ 3D   ②  ☐ 2D ☐ 3D   ③  ☐ 2D ☐ 3D

④  ☐ 2D ☐ 3D   ⑤  ☐ 2D ☐ 3D   ⑥  ☐ 2D ☐ 3D

⑦  ☐ 2D ☐ 3D   ⑧  ☐ 2D ☐ 3D

⑨  ☐ 2D ☐ 3D   ⑩  ☐ 2D ☐ 3D

01 3D 영상을 체험해요.

1 [시작(⊞)]-[Microsoft Store(🗖)]를 클릭한 후, '3D 뷰어' 앱을 검색하여 다운로드 및 설치합니다.

'마이크로소프트 스토어'라고 읽어요.

만약 3D 뷰어 시작 창이 표시되면 확인 단추를 눌러 [3D 뷰어] 앱을 시작할 수 있어요!

2 '3D 뷰어' 앱이 실행되면 화면을 드래그하여 3D 모델(벌)을 다양한 방법으로 관찰해 봅니다.

① 왼쪽 단추를 누른 채 드래그 : 화면의 시점을 다양하게 조절할 수 있어요.
② 오른쪽 단추를 누른 채 드래그 : 화면을 위/아래/왼쪽/오른쪽으로 이동시킬 수 있어요.
③ 스크롤 휠을 굴리기 : 화면을 확대 또는 축소할 수 있어요.

화면을 더블클릭하여 처음 시점으로 초기화시킬 수 있어요.

▲ ① 마우스 왼쪽 단추를 누른 채 드래그   ▲ ② 마우스 오른쪽 단추를 누른 채 드래그   ▲ ③ 마우스 스크롤 휠을 굴리기

02 3D 라이브러리에서 움직이는 모델링을 확인해요.

'올 애니메이티드 모델'이라고 읽어요.   '링크'라고 읽어요.

1 [3D 라이브러리]를 클릭한 후, [All Animated Models]에서 'Links'를 찾아 선택합니다.

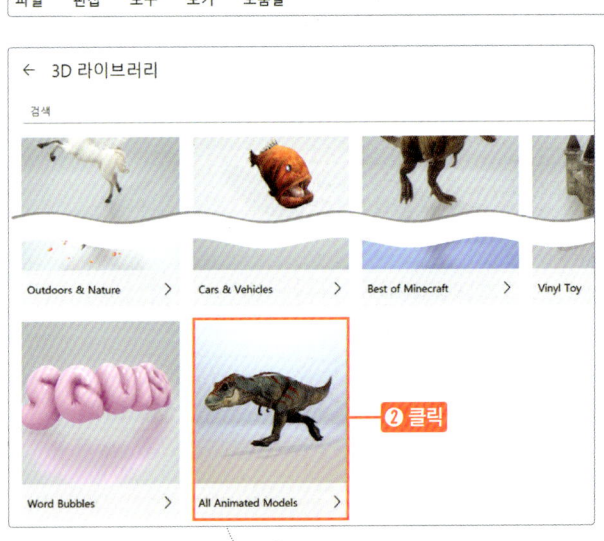
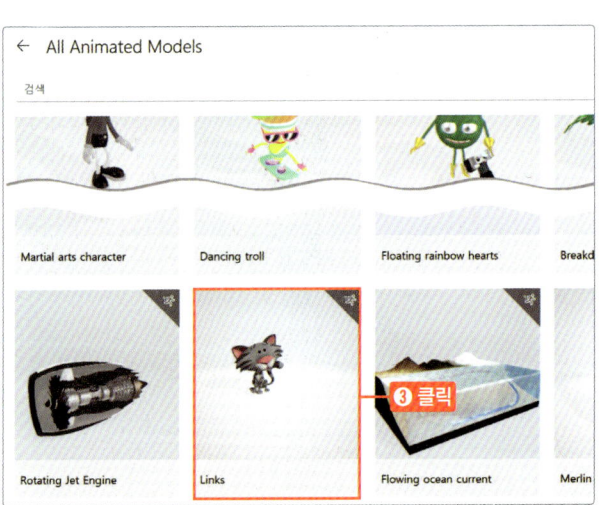

작업 환경에 따라 해당 모델이 없는 경우에는 다른 모델을 선택해 주세요.

3D 라이브러리

3D 라이브러리는 다양한 모델링을 제공하는 꾸러미이며, [All Animated Models]에서는 움직이는 애니메이션 3D 모델링을 찾을 수 있습니다. 단, 3D 라이브러리는 인터넷이 연결된 상태에서만 이용이 가능합니다.

2. 화면에 고양이 캐릭터가 움직이는 것을 확인합니다.

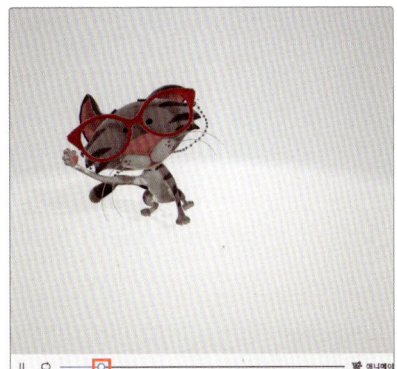 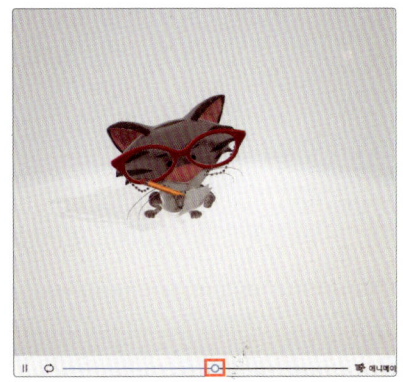 

3. 하단의 메뉴를 이용하여 여러 가지 방법으로 애니메이션을 표현해봅니다.

❶ 애니메이션을 멈추거나 다시 재생할 수 있어요.
❷ 애니메이션을 반복하거나 한 번만 재생하도록 설정할 수 있어요.
❸ 애니메이션의 재생 구간을 확인할 수 있어요.
❹ 여러 가지 애니메이션 동작 중 원하는 애니메이션을 선택할 수 있어요.
❺ 모든 모델마다 나타나는 기본적인 애니메이션이에요.
❻ 애니메이션의 속도를 조절할 수 있어요.

[All Animated Models]에서 선택한 모델에만 해당 기능이 활성화돼요.

03 다양한 옵션을 변경하면 다른 위치에서 볼 수 있어요.

'베스트 오브 마인크래프트'라고 읽어요.   '쿠에인트 빌리지'라고 읽어요.

1. 오른쪽 위 [🔷 3D 라이브러리]를 클릭한 후, [Best of Minecraft]에서 [Quaint Village]를 찾아 선택합니다.

CHAPTER 11 3D 세상 구경해요~

2 [환경 및 조명(☀)]의 '테마'를 바꿔가며 선택한 후, 화면을 확대 및 조절하여 마을을 살펴봅니다.

3 [환경 및 조명(☀)] 아래쪽에서 '조명 회전'과 '라이트' 옵션을 자유롭게 변경한 후 어떻게 변화하는지 관찰해 봅니다.

4 [통계 및 음영(📊)]을 클릭하여 '메시 데이터'-'삼각형'의 체크를 해제하고, '텍스처 데이터'의 'Albedo'를 선택합니다.

'얼비도'라고 읽어요.

☐ 지금하기 ☐ 나중에 하기

1 동물/곤충 모델을 불러온 후 어떤 모델인지 맞춰보는 게임을 해보세요.

① [3D 라이브러리]-[Animals & Insects]를 클릭한 후 원하는 동물 또는 곤충 모델을 불러옵니다.

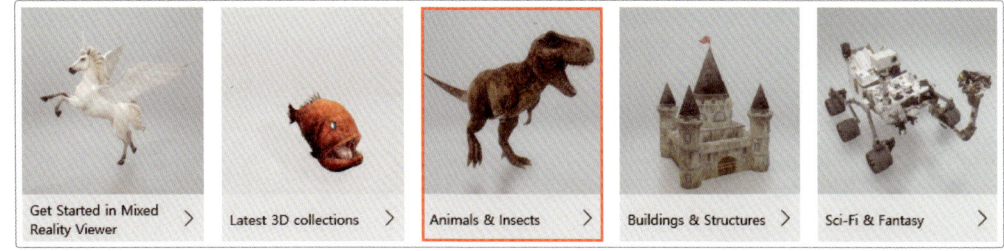

② [통계 및 음영(📊)]에서 모든 선택을 해제한 후 '텍스처 데이터'의 '발광성 색'을 선택하여 그림자만 남깁니다.

③ 친구와 화면을 공유하여 어떤 동물인지 서로 맞춰보도록 합니다.

2 건축물을 불러온 후 화면을 확대하여 건물의 안쪽을 살펴보세요.

① [3D 라이브러리]-[Buildings & Structures]를 클릭한 후 원하는 건축물 모델을 불러옵니다.

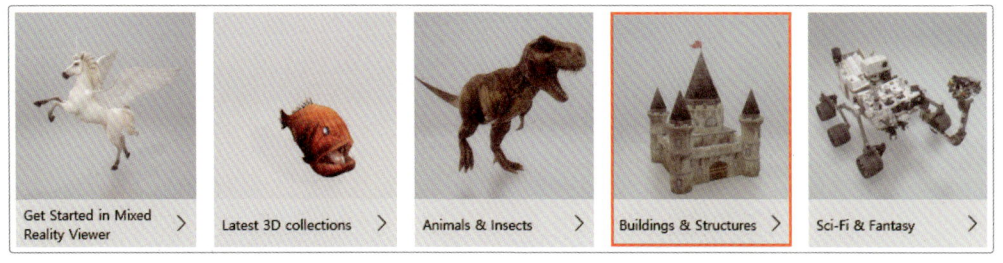

② [환경 및 조명(☀)]을 클릭한 후 화면을 확대하여 건축물의 내부를 살펴봅니다.

CHAPTER 12
3D 캐릭터 직접 만들기

오늘 배울 내용

- K마블 타자 프로그램을 이용하여 [키보드 학습 게임]-[키보드 단어 연습]-[속담, 사자성어 단어 연습]을 시작합니다.
- 그림판 3D 앱을 이용하여 캐릭터 모델링 파일을 불러옵니다.
- 여러 가지 기능을 활용하여 3D 캐릭터를 만들어 봅니다.

K마블 타수

배울 내용 미리보기!

■ 인물 캐릭터를 그리는 방법을 소개할게요! 캐릭터를 그릴 때는 얼굴의 형태를 먼저 그린 후 눈, 코, 입의 순서대로 작업하는 것이 좋아요. 아래 순서를 참고하여 캐릭터를 따라 그려보고, 비슷한 방법으로 나만의 캐릭터를 만들어보도록 해요.

♡ 따라서 그려보세요! ♡ 나만의 캐릭터를 만들어 보세요!

01 그림판 3D 설치와 3D 파일을 불러와요.

1 [12일차] 폴더에 있는 '그림판 3D' 앱을 설치합니다.

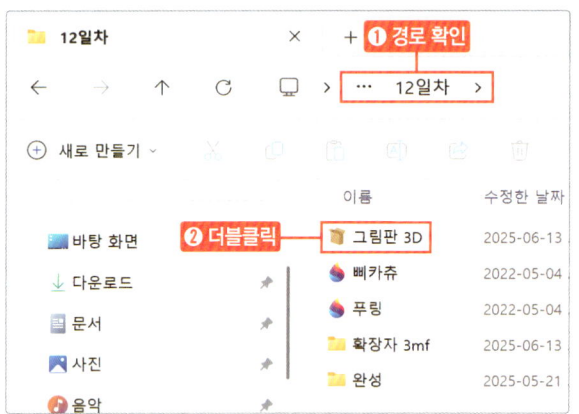
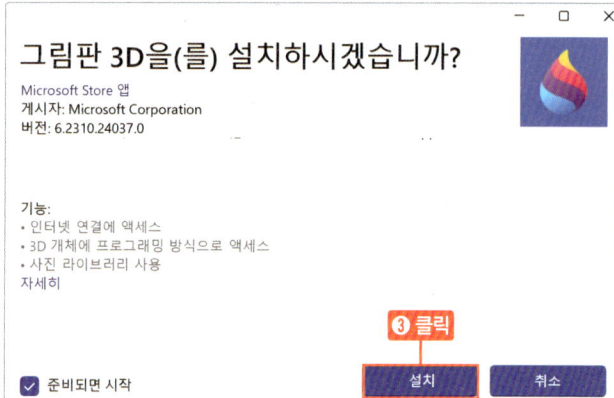

2 설치한 프로그램을 실행합니다. ▶ [시작(■)]-(그림판 3D(🟠))

3 아래와 같은 화면이 표시되면 '삐카츄' 파일을 불러옵니다.
▶ [열기(📁)]-[파일 찾아보기]-[12일차]-'삐카츄'

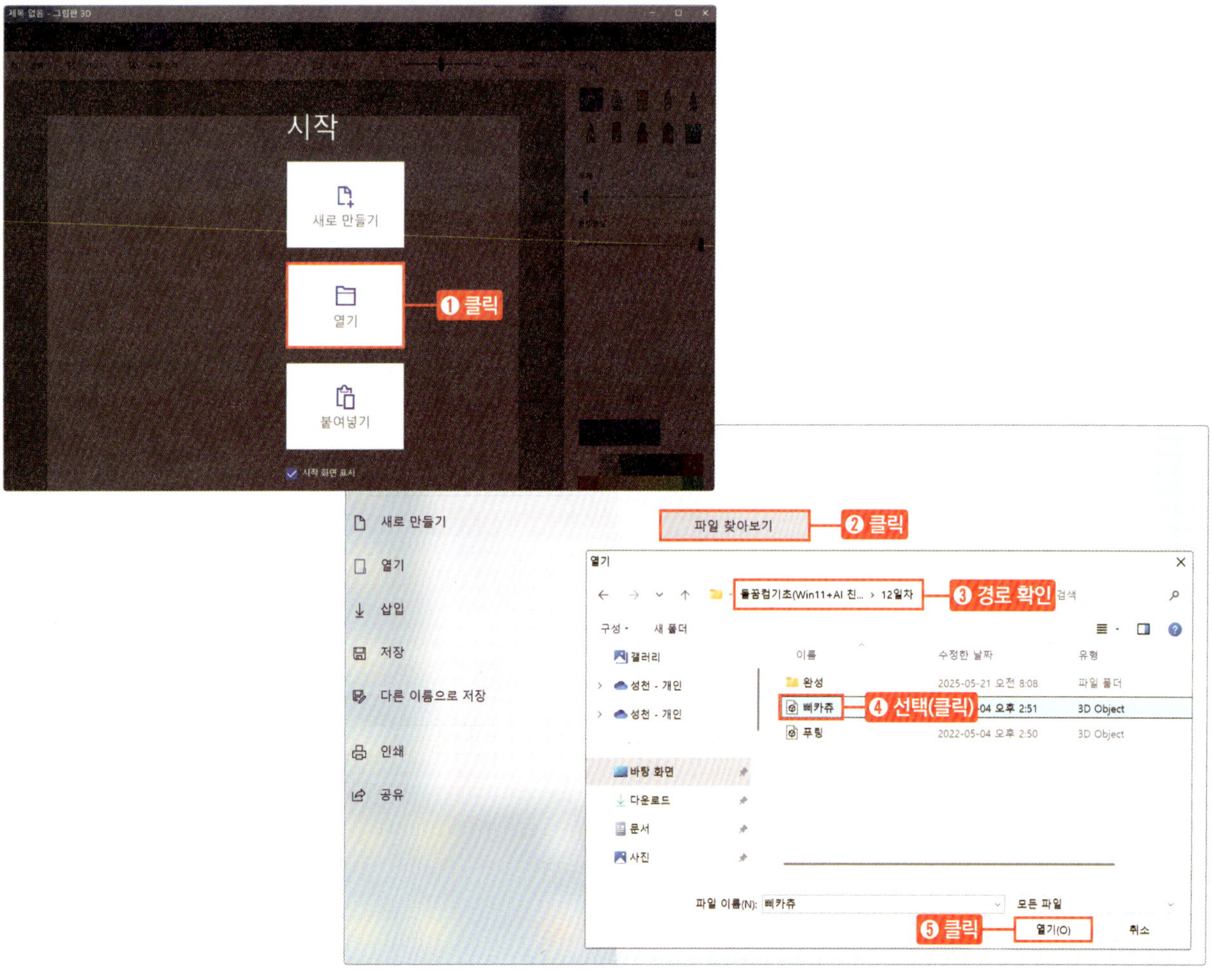

 **3D 모델링 파일 불러오기**

'삐카츄'와 '푸링' 캐릭터는 3D 모델링 전용 파일로 컴퓨터 환경에 따라 파일을 불러오는 시간이 조금씩 다를 수 있습니다. 또한 파일을 읽을 수 없는 경우 [확장자 3mf] 폴더에서 파일을 불러옵니다.

02 3D 보기로 전환해 봅니다.

1 [3D 보기]를 클릭하여 평면이 아닌 3차원 공간에서 캐릭터를 살펴봅니다.

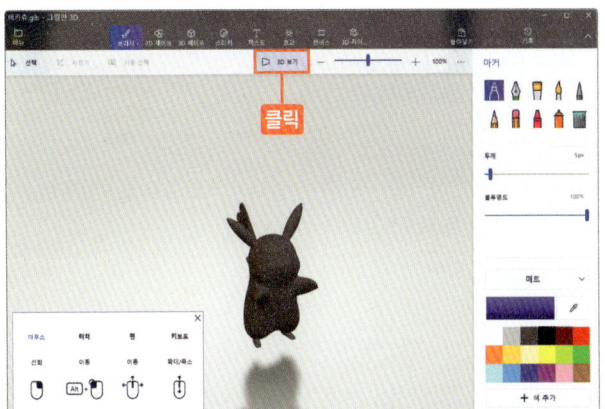

▲ 휠을 굴리기 : 공간을 확대 또는 축소할 수 있어요.

▲ 휠을 누른 채 드래그 : 3D 모델의 위치를 이동할 수 있어요.

▲ 마우스 오른쪽 단추를 누른 채 드래그 : 3D 모델을 바라보는 시점을 다양하게 조절할 수 있어요.

위 방법을 참고하여 [3D 보기] 화면을 완벽하게 사용 할 수 있도록 연습해 보세요!

03 캐릭터의 몸통을 직접 색칠해요.

1. 브러시 도구를 이용해 색상을 지정합니다.
   ▶ [브러시()]-채우기()-허용 오차를 '50%'

2. 색상 팔레트의 '노랑'색과 '광택'을 선택한 후 캐릭터의 몸을 클릭하여 색상을 채워줍니다.

색상을 잘못 칠했을 경우에는 상단의 실행 취소()를 눌러 이전 상태로 돌아갈 수 있어요.

3. 아래와 같이 화면 시점을 조절한 후, 색상을 지정합니다.
   ▶ [브러시()]-마커()-두께-'40px', 색상-'검정'

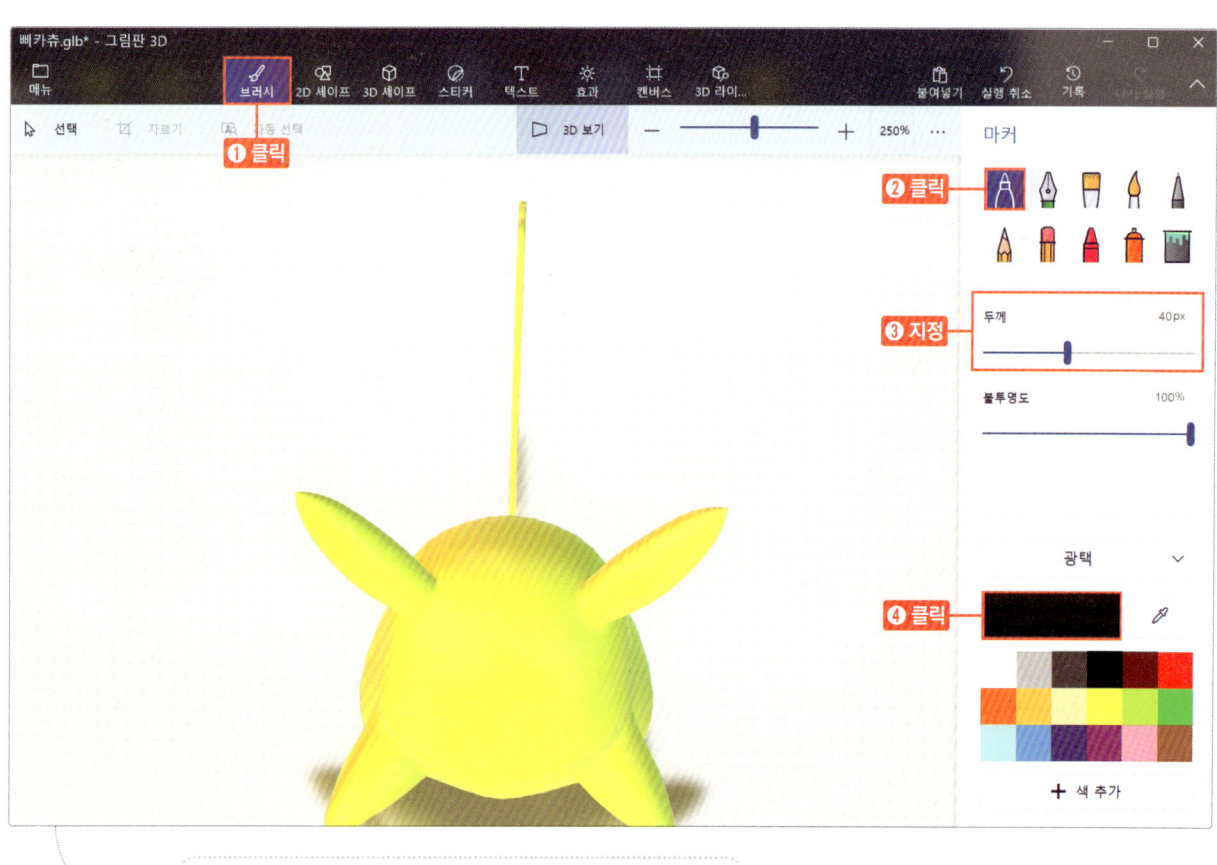

[3D 보기] 전환 상태에서 브러시로 오브젝트를 색칠하기 위해서는 시점 변경 및 확대가 필요해요.

4 왼쪽 귀를 드래그하여 색칠한 후 동일한 방법으로 오른쪽 귀를 색칠합니다.

5 캐릭터의 뒷모습이 보이도록 아래와 같이 화면 시점을 조절한 후 색상이 채워지지 않은 부분을 색칠합니다.

3D 개체를 색칠할 때는 화면을 회전하여 보이지 않는 부분까지 색상이 채워졌는지 확인하면서 작업하도록 해요!

04 캐릭터의 얼굴을 그려봅니다.

1 아래와 같이 화면 시점을 조절한 후, 매트를 지정하고 눈을 그려봅니다.

➡ [브러시( )]-[마커( )]-[매트]-'눈 그리기'

2 아래와 같이 '마커( )'를 이용하여 눈동자를 그립니다.

➡ [브러시( )]-[마커( )]-두께-'10px', 색상-'흰색'

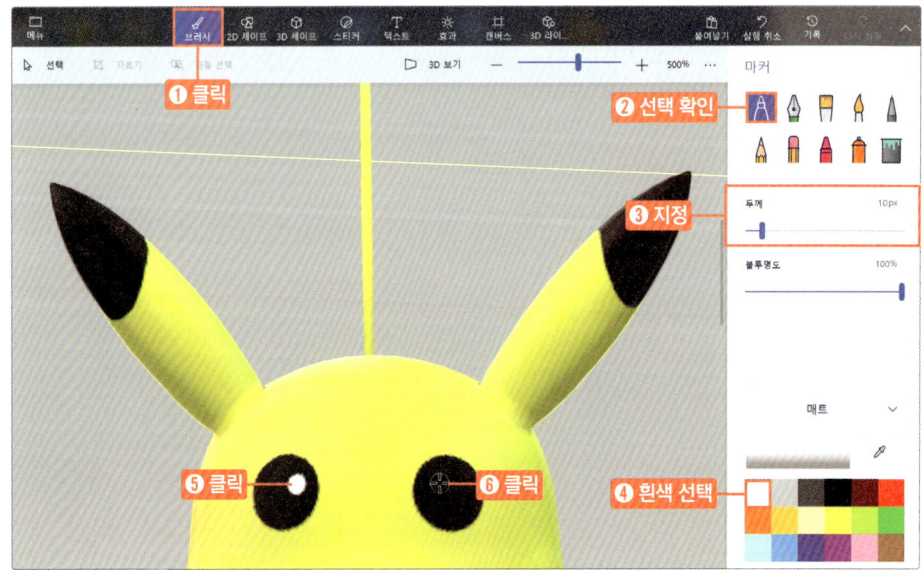

3 아래와 같이 '마커( )'를 이용하여 코와 입을 그립니다.

➡ [브러시( )]-[마커( )]-두께-'5px', 색상-'검정'

4 아래와 같이 '마커( )'를 이용하여 캐릭터의 볼과 화면 시점을 조절합니다.
➡ [브러시( )]-[마커( )]-두께-'50px', 색상-'다홍'

5 지금까지 작업한 3D를 파일로 저장합니다.
➡ [메뉴( )]-[저장( )]-[비디오]-[애니메이션] 선택-<저장>

MP4(비디오)는 동영상 형태로 저장할 수 있어요.

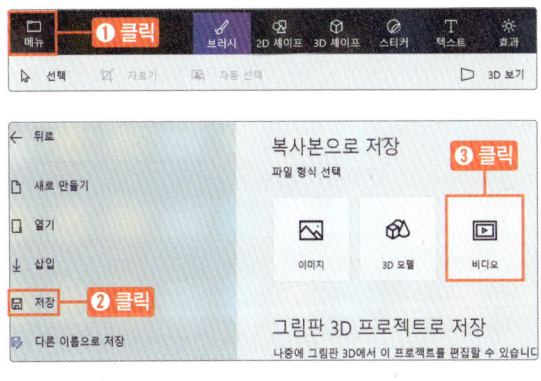
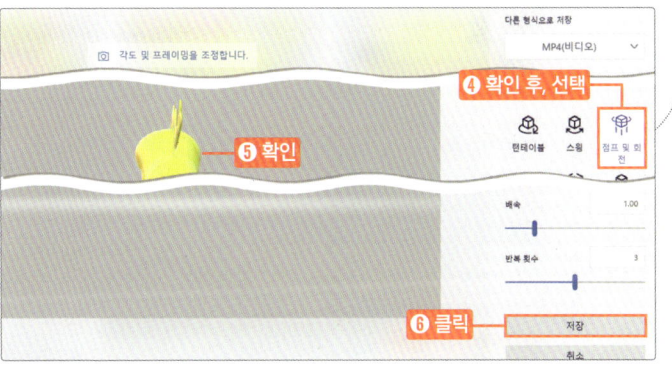

CHAPTER 12

혼자서 뚝 딱 뚝 딱

☐ 지금하기 ☐ 나중에 하기

① 그림판 3D 앱에서 [12일차]-'푸린' 3D 캐릭터 파일을 불러온 후, 오른쪽 그림을 참고하여 3D 캐릭터를 완성해 보세요.

② 완성된 캐릭터를 '비디오' 형식으로 저장해 보세요.

CHAPTER 13
포토모자이크 작품 만들기

오늘 배울 내용

- K마블 타자 프로그램을 이용하여 [키보드 학습 게임]-[K마블 본부 수호 작전]을 시작합니다.
- 인터넷에서 원하는 사진을 다운로드합니다.
- 포토모자이크 프로그램(앱)을 이용하여 멋진 작품을 만들어 봅니다.

K마블 타수

배울 내용 미리보기!

■ 오늘은 수많은 이미지의 크기를 픽셀 단위로 줄여서 만든 멋진 모자이크 작품을 감상해 보도록 해요. 아래 작품은 어떤 그림일까요?

정답:

모자이크 작품은 멀리서 볼수록 더욱 선명하게 보인답니다!

CHAPTER 13 포토모자이크 작품 만들기 **077**

01 인터넷에서 재밌는 이미지를 다운로드해 봅니다.

1 '네이버'에 접속하여 '메이플스토리'를 검색합니다.
➤ [시작()]-[모두(모두 >)]-[Microsoft Edge()]-[네이버]-'메이플스토리' 검색

2 [이미지]를 클릭한 후, 검색 옵션의 원본 이미지 크기를 '고화질'로 변경합니다.

> 포토모자이크의 메인 사진은 고화질 이미지로 저장하도록 해요. 또한 하나의 인물(또는 캐릭터)이 크게 나와있는 사진으로 만든 작품이 더 멋질 거예요!

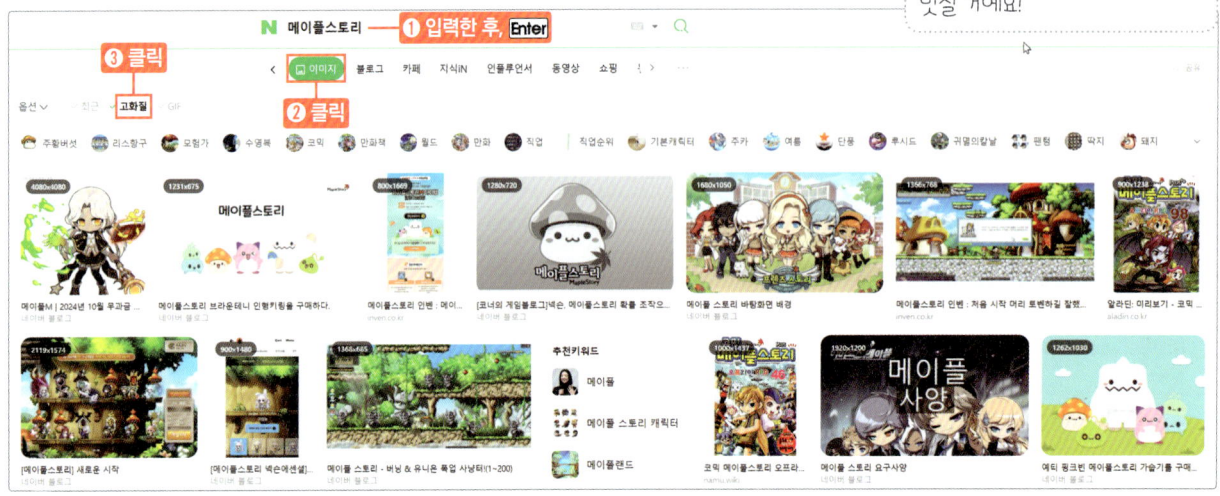

3 원하는 이미지를 선택(클릭)한 후, 오른쪽에 큰 이미지가 나타나면 마우스 오른쪽 단추를 눌러 [다른 이름으로 사진 저장()]을 클릭하여 저장합니다.

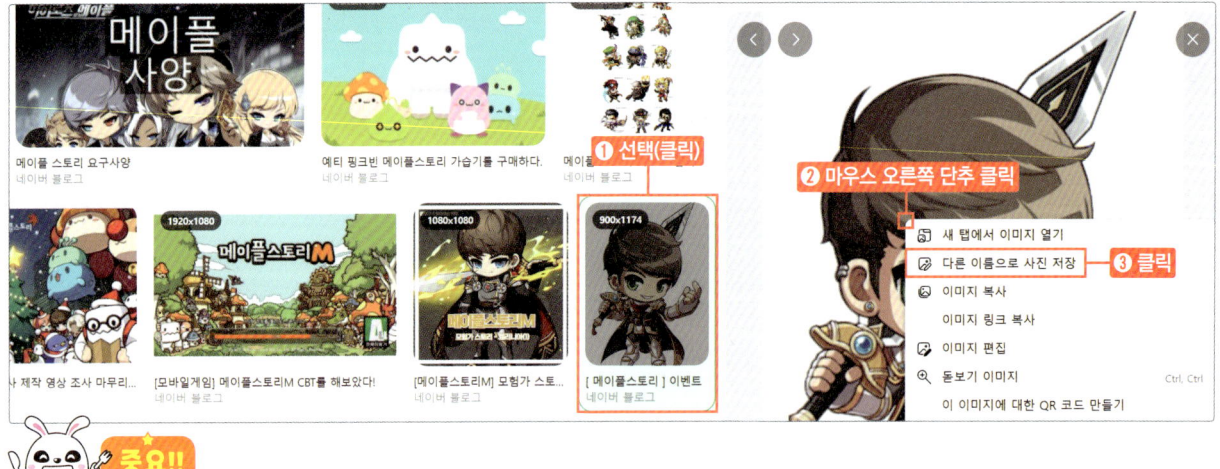

중요!!

- 원하는 위치에 저장한 후, 파일을 '포토모자이크'에서 사용할 수 있도록 변경해야 합니다.
- 네이버에서 다운로드한 파일을 그림판에서 불러와 [다른 이름으로 저장]-[JPEG 그림]으로 저장해야 사용할 수 있습니다.

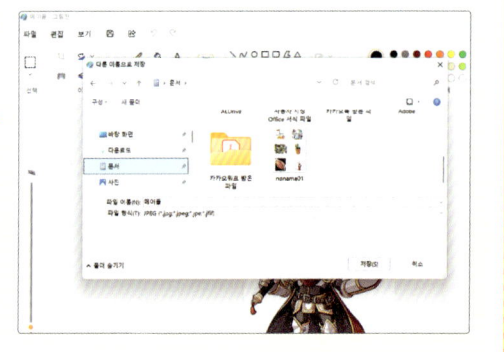

02 포토모자이크 프로그램(앱)을 실행합니다.

1. [13일차] 폴더 안에 '포토모자이크' 파일을 설치한 후, 프로그램(앱)을 실행합니다.

2. 상단 메뉴에서 [New( )]를 선택한 후, <예> 단추를 클릭합니다.

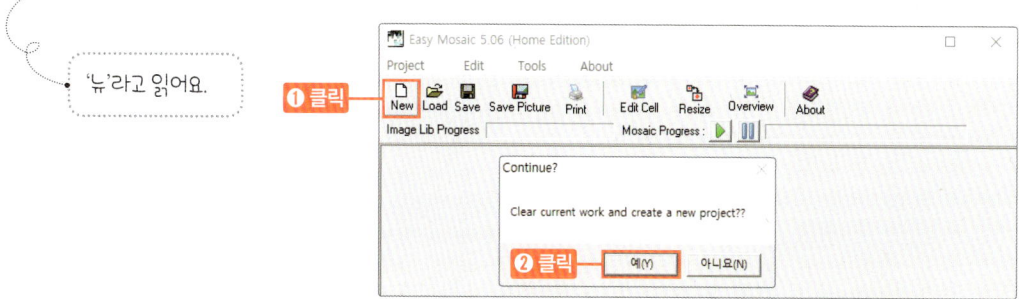

'뉴'라고 읽어요.

힌트 | 포토모자이크 프로그램(앱)의 설치 방법과 주의점

[13일차] 폴더 안에 '포토모자이크' 파일을 더블 클릭한 후, 예(Y) , Next > , Install , Finish 단추를 눌러 간편하게 설치할 수 있습니다. 해당 프로그램은 설치 기준 날짜로부터 20일 동안만 사용할 수 있으니 참고해 주세요!

03 포토모자이크로 작품을 만들어요.

'뉴 프로젝트'라고 읽어요.   '메인 이미지'라고 읽어요.

1. [New Project] 대화상자가 나오면 [Main Image] 탭에서 <Load Main Image> 단추를 클릭한 후, 인터넷에서 다운로드한 이미지를 찾아 선택합니다.

'로드 메인 이미지'라고 읽어요.

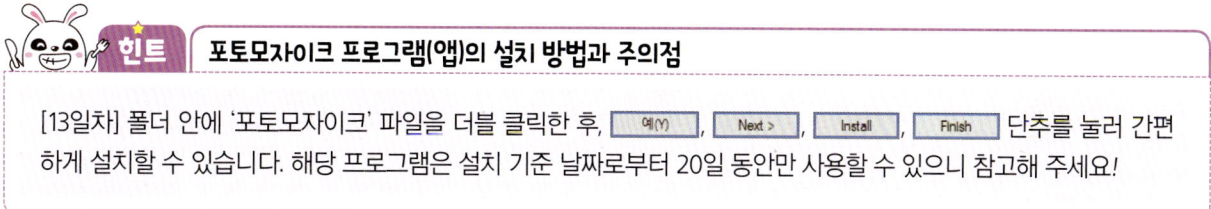

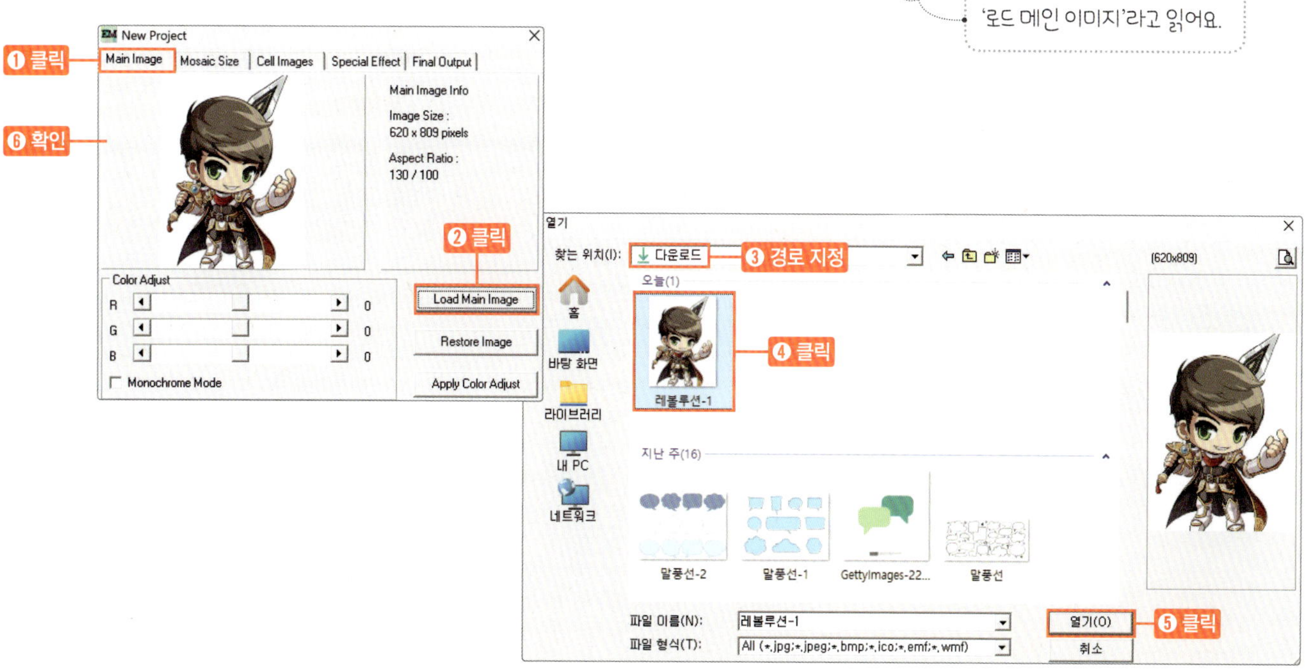

2 [Mosaic Size] 탭을 클릭한 후, 그림과 같이 픽셀 개수, 픽셀 사이즈, 해상도를 지정합니다.

'모자이크 사이즈'라고 읽어요.

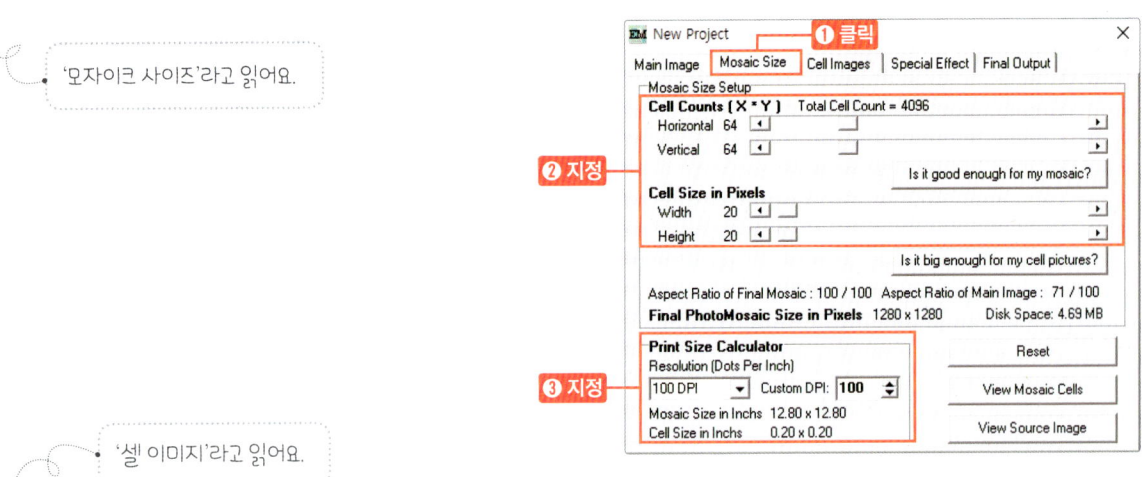

'셀 이미지'라고 읽어요.

3 [Cell Images] 탭을 클릭하여 여러 개의 이미지가 등록된 것을 확인합니다.

〈Add Picture〉 단추를 눌러 작은 모자이크 사진들을 원하는 이미지로 등록할 수 있어요.

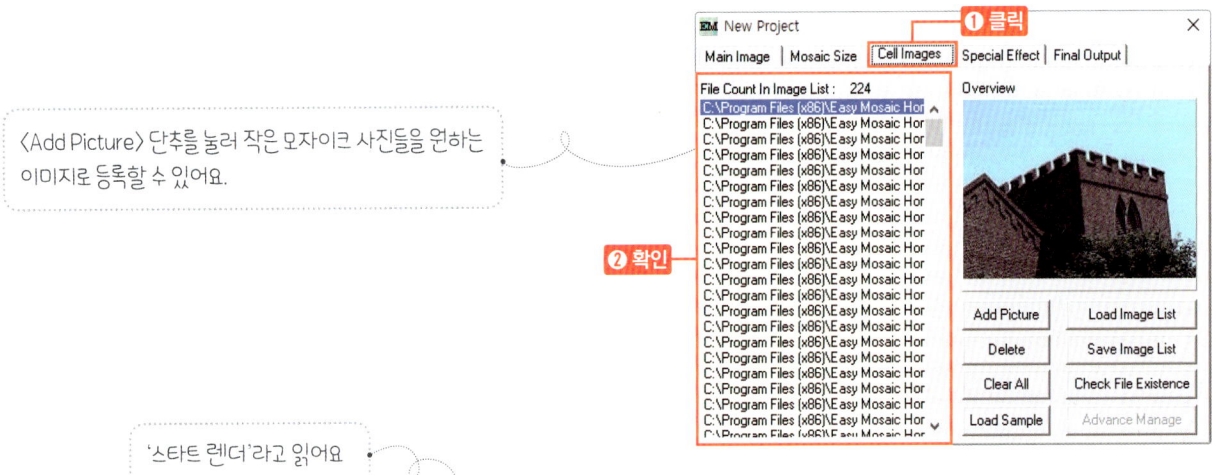

'스타트 렌더'라고 읽어요.

4 [Final Output] 탭을 클릭하여 〈Start Render〉 단추를 눌러 포토모자이크 작품을 만들어봅니다.

'파이널 아웃풋' 이라고 읽어요.

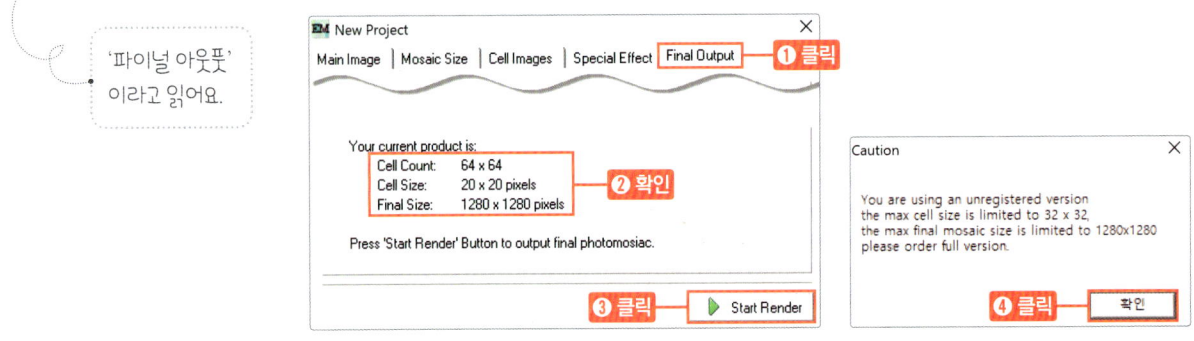

기다려도 아무 반응이 없어요!

컴퓨터의 시스템 환경 및 이미지의 크기에 따라 작업 시간이 길어질 수 있습니다. 기다리는 동안 마우스 또는 키보드를 누르게 되면 오류가 생기면서 프로그램이 종료될 수 있으니 천천히 기다려 봅니다.

'세이브 픽처'라고 읽어요.

5 상단 메뉴에서 [Save Picture()]를 선택한 후, 저장 경로, 파일 이름, 파일 형식을 지정하고 <저장> 단추를 클릭합니다.

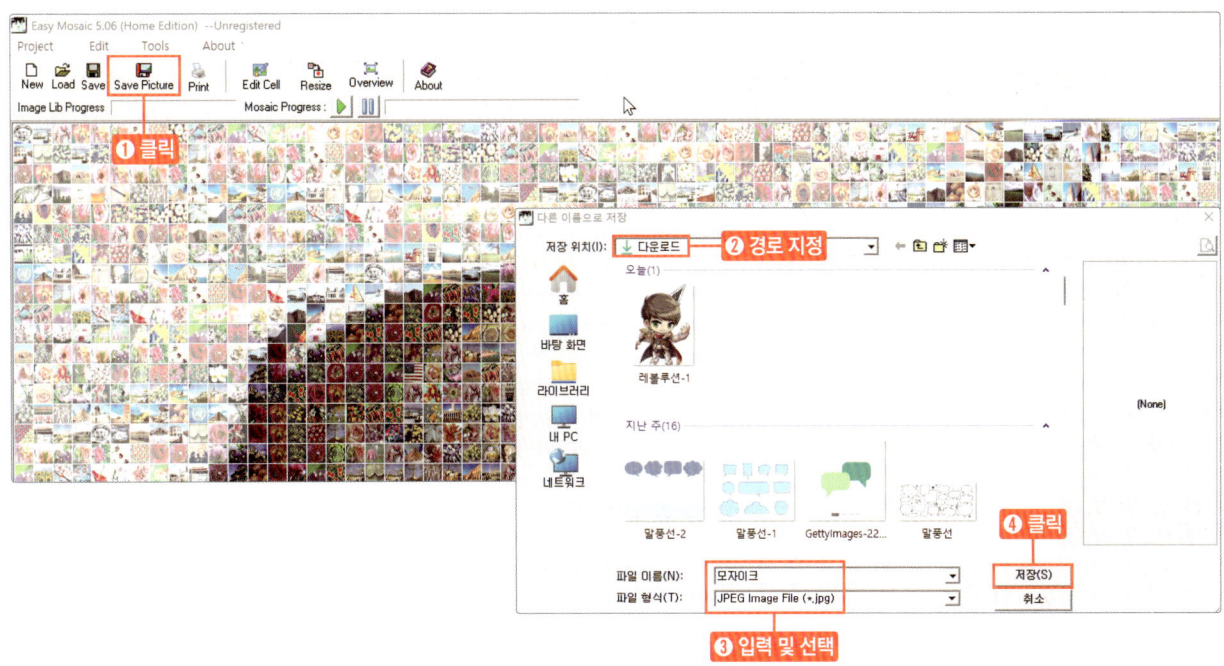

CHAPTER 13 혼자서 뚝딱뚝딱

☐ 지금하기 ☐ 나중에 하기

① 인터넷에서 새로운 사진을 다운로드하여 여러 가지 포토모자이크 작품을 만들어보세요.

CHAPTER 14 코딩 초보 탈출하기 - 1

오늘 배울 내용

- K마블 타자 프로그램을 이용하여 [키보드 학습 게임]-[K마블 본부 수호 작전]을 시작합니다.
- 코딩이란 무엇인지 알아봅니다.
- 마인크래프트 코딩을 해봅니다.

K마블 타수

배울 내용 미리보기!

요즘 코딩~ 코딩~하던데 혹시 코딩이 뭔 줄 알아?

코를 파면서

딩굴딩굴 하는거

요렇게 말이지 ㅎㅎ

아유...... 장난 그만하고 똑바로 대답 해주겠니?..

나는 유치원을 졸업했고, 어엿한 초등학생이 되었으니 이런 일로는 화를 내지 않는다..

사실은 나도 잘 몰라.. 박사님께 여쭤볼까?

뭐야... 혹시 화난거야?

동물들이 어떤 이야기를 하는지 사람이 모르는 것과 같이 컴퓨터는 우리가 하는 말을 알아들을 수 없어요. 대신 컴퓨터가 알아들을 수 있는 언어로 다양한 명령(대화)을 내리는 것을 바로 '코딩'이라고 한답니다!

■ 컴퓨터에게 어떠한 작업을 시키기 위해서는 컴퓨터가 알아들을 수 있는 언어가 반드시 필요해요. 우리는 '코딩'이라는 작업을 통해 컴퓨터에게 원하는 동작을 시킬 수 있답니다! 아래 문제의 정답을 찾아보고, 컴퓨터는 어떻게 문제를 처리할지 생각해 보세요.

① 손을 씻는 순서에 대한 내용을 읽고 손씻기 순서로 알맞은 그림 번호를 적어보세요.

▶ 세균이 묻어있는 손에 물을 묻힌 후 비누를 사용하여 손바닥에 거품을 내요. 손깍지 모양을 만들어 문지른 후 손톱 사이에 끼어있는 먼지를 제거하도록 해요. 거품을 흐르는 물로 헹궈낸 후 수건으로 말리면 손 씻기 완료!

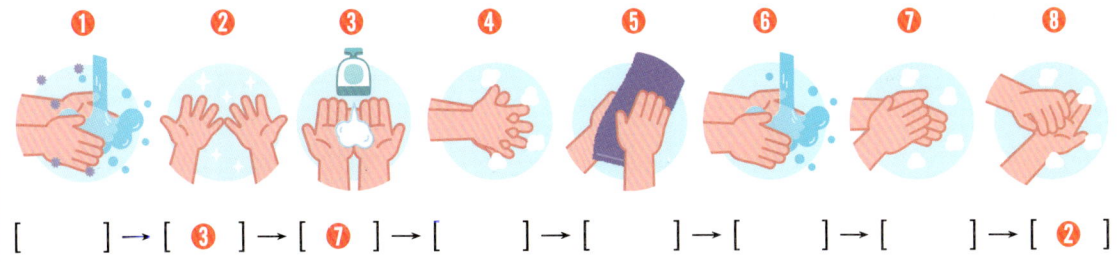

[ ] → [❸] → [❼] → [ ] → [ ] → [ ] → [ ] → [❷]

② 다음과 같은 규칙으로 동물들을 나열한다면, 비어있는 자리에 들어가게 될 동물은 누가 될까요? 간단하게 그림으로 그려보세요.

▶ 첫 번째부터 세 번째 줄까지 모두 비교하면서 찾아봅니다.

01 마인크래프트로 코딩을 할 수 있어요.

1 [14일차] 폴더 안에 'MC 코딩' 파일을 더블 클릭한 후, 아래 순서를 참고하여 프로그램(앱)을 설치해 봅니다.

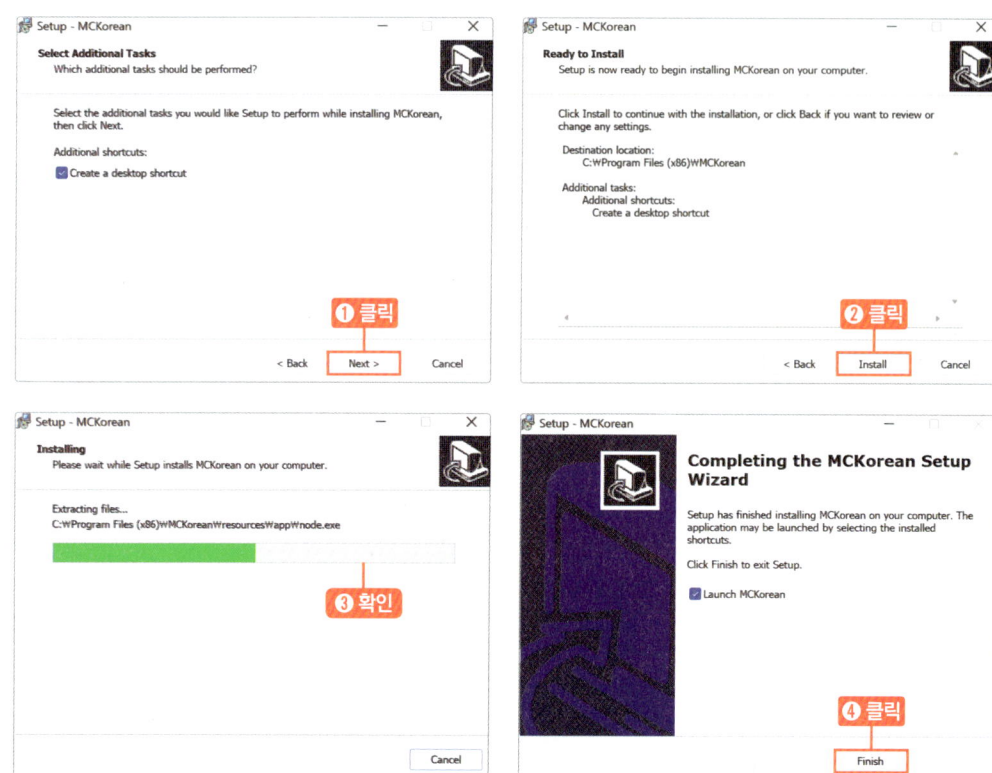

2 설치가 완료되고 해당 프로그램이 자동으로 실행되면 '소개 프레젠테이션'의 ❎ 단추를 눌러 영상을 종료한 후, 캐릭터 선택 화면이 나오면 원하는 캐릭터를 <선택>합니다.

02 1단계 코딩하기

1. 1단계 코딩 과제를 읽어본 후 <확인>을 클릭합니다.

2. ▶실행 을 클릭하여 캐릭터가 어떻게 움직이는지 확인한 후, 처음 상태로 를 클릭합니다.

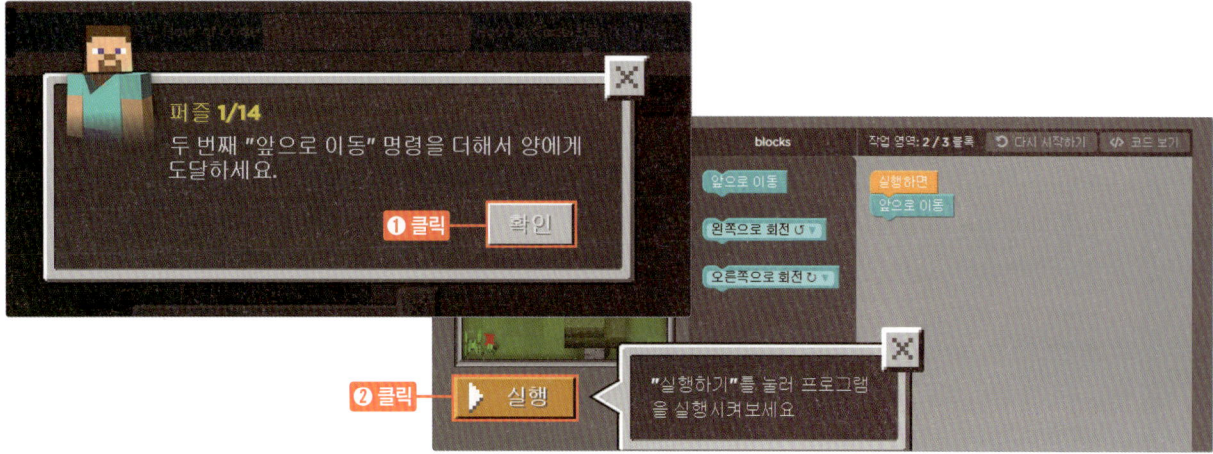

힌트 — 양에게 다가가려면 어떻게 해야 할까요?

▶실행 을 클릭했을 때 캐릭터가 '양'이 있는 곳까지 도착하기 위해 움직일 수 있는 칸이 부족했습니다. 명령어 블록을 추가하여 '양'이 있는 곳까지 도달하도록 코딩해 봅니다.

3. 앞으로 이동 명령 블록을 그림과 같이 드래그하여 연결한 후, ▶실행 을 클릭하여 캐릭터가 양에게 다가 가는지 확인해 봅니다.

4. <계속하기>를 클릭하여 2단계로 이동합니다.

'양'에게 도달하기 위해 '2칸'이 필요하네요!
즉, '앞으로 이동'이 2개 필요합니다.

> **힌트 | 블록 삭제 및 캐릭터 이동 간격**
>
> ❶ ▶ 실행 아래쪽을 보면 작은 글씨로 코딩 과제를 확인할 수 있으며, 해당 과제를 클릭하면 전체 화면으로 과제 내용을 확인할 수 있습니다.
>
> ❷ 명령 블록을 잘 못 가져다 놓았을 경우 [blocks(블록)] 쪽으로 드래그하거나 Delete 키를 눌러 삭제할 수 있습니다.
>
> ❸ 바닥의 '네모 모양(■)'은 캐릭터가 이동할 수 있는 간격으로 해당 칸의 수만큼 앞으로 이동 명령 블록을 연결하여 캐릭터를 이동시킬 수 있습니다. 1단계에서 캐릭터와 양까지의 거리는 '네모 모양(■)'이 2칸이므로  명령 블록을 2개 연결하여 캐릭터가 양까지 이동하도록 코딩한 것입니다.

03 2단계~5단계 코딩하기

1 2단계 코딩 과제를 확인한 후, blocks(블록)을 이용하여 코딩 작업을 합니다.

2/14번째 코딩 과제 : 나무는 매우 중요한 자원입니다. 나무로 많은 것들을 만들 수 있지요. 나무로 걸어간 후 "블록 부수기" 명령을 이용해 나무를 베세요.

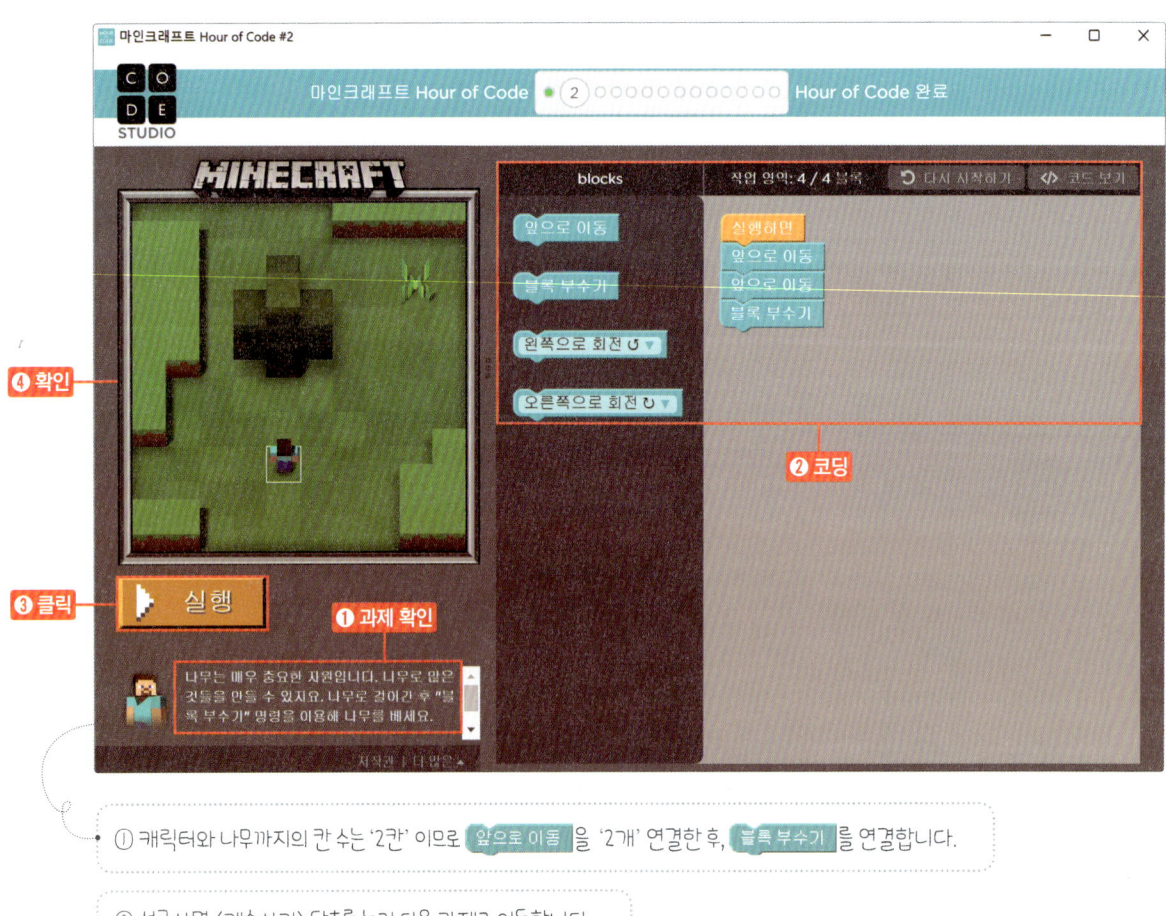

① 캐릭터와 나무까지의 칸 수는 '2칸'이므로 앞으로 이동 을 '2개' 연결한 후, 블록 부수기 를 연결합니다.

② 성공하면 〈계속하기〉 단추를 눌러 다음 과제로 이동합니다.

2 3단계 코딩 과제를 확인한 후, blocks(블록)을 이용하여 코딩 작업을 합니다.

3/14번째 코딩 과제 : 양털 깎기 시간이에요! 두 마리 양에게서 양털을 채집하려면, '털 깎기' 명령을 사용하세요.

3 4단계 코딩 과제를 확인한 후, blocks(블록)을 이용하여 코딩 작업을 합니다.

4/14번째 코딩 과제 : 해가 지기 전에 집을 지어야 해요. 집을 지으려면 나무가 많이 필요하죠. 나무 3그루를 모두 베세요.

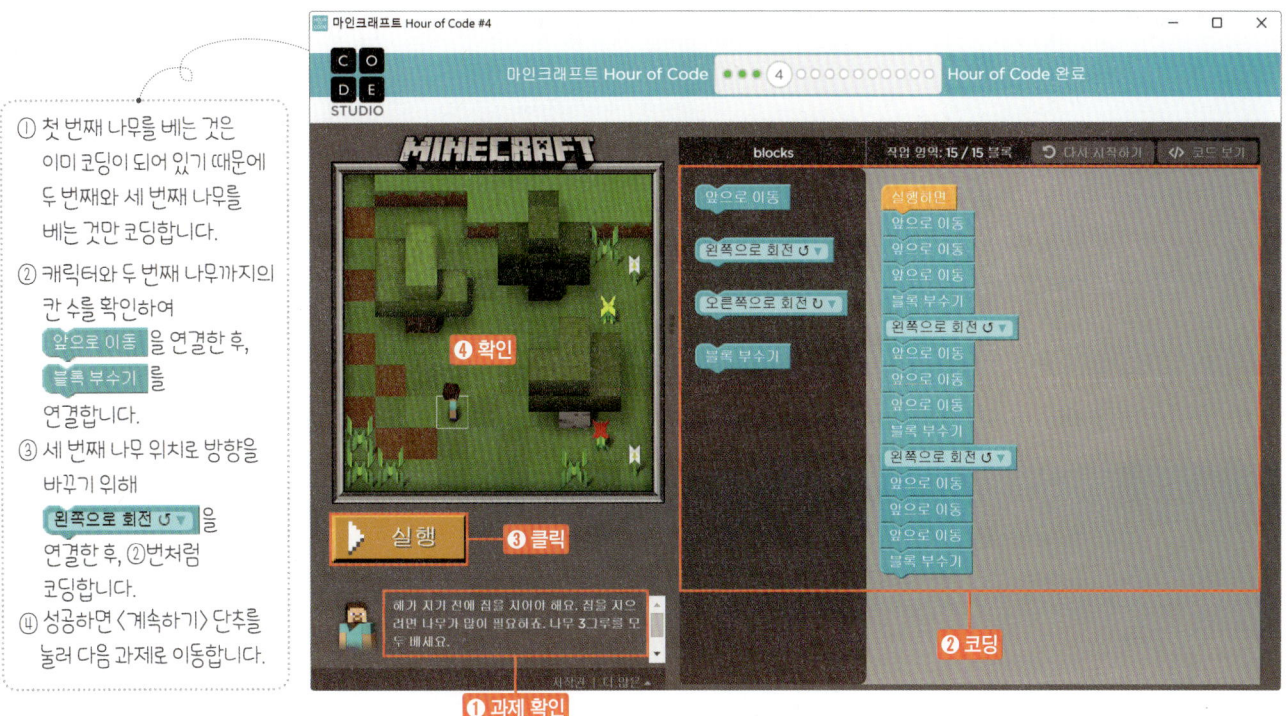

4 5단계 코딩 과제를 확인한 후, blocks(블록)을 이용하여 코딩 작업을 합니다.

5/14번째 코딩 과제 : 모든 집은 벽을 짓는 것부터 시작합니다. '놓기'와 '앞으로 이동' 명령을 반복문 안에 놓아서 집의 첫 번째 부분을 지어보세요.

① 반복문이란 말 그대로 반복되는 같은 일을 한 번에 해결할 수 있도록 합니다.
② 반복문을 이용하면 한 번의 실행으로 여러 번의 작업을 할 수 있습니다.
③ 캐릭터가 4개의 흙바닥 칸을 이동하면서 4개의 자작나무 판자를 놓기 위하여 [반복 4번 실행] 안쪽에  을 연결합니다.
  ※ 명령 블록을 연결할 때 캐릭터가 서 있는 자리부터 나무를 놓아야 하므로 '놓기' → '앞으로 이동' 순서로 작업합니다.
④ '놓기'와 '앞으로 이동' 작업의 반복 횟수는 '4칸'이므로 '4'로 지정합니다.
⑤ 성공하면 〈계속하기〉 단추를 눌러 다음 과제로 이동합니다.

혼자서 뚝딱뚝딱

☐ 지금하기 ☐ 나중에 하기

1 다음 단계의 코딩 과제 6단계 중 집을 지어요(쉬움)을 확인한 후, 스스로 문제를 해결해 보세요.

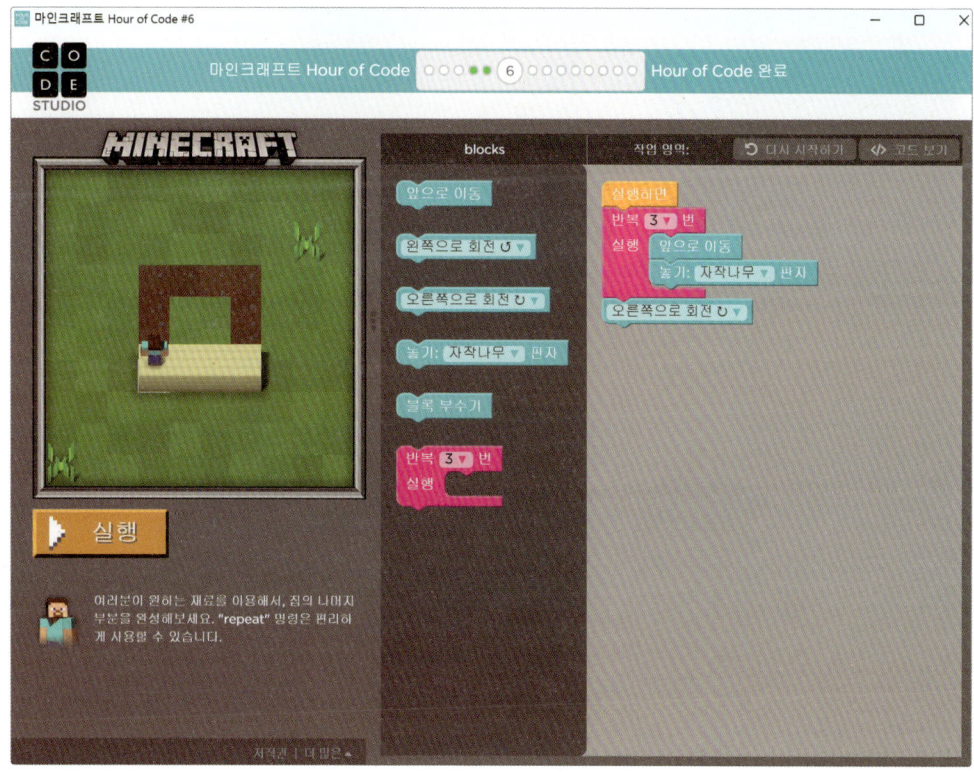

① 캐릭터가 앞으로 이동하면서 자작나무 판자를 3개 놓습니다.(반복문 사용)

② 오른쪽으로 회전합니다.

③ 캐릭터가 앞으로 이동하면서 자작나무 판자를 2개 놓습니다.(반복문 사용)

CHAPTER 14 코딩 초보 탈출하기-1 **089**

CHAPTER 15
코딩 초보 탈출하기 - 2

오늘 배울 내용

- K마블 타자 프로그램을 이용하여 [키보드 학습 게임]-[K마블 본부 수호 작전]을 시작합니다.
- 이전 시간에 이어서 집 짓기 코딩을 계속합니다.
- 이번 시간에는 집 주변에 작물을 심어서 음식물을 직접 길러봅니다.

K마블 타수

배울 내용 미리보기!

나 요즘 코딩에 푹 빠져 있어! 해도 해도 너무 재미있는 것 같아~

에휴....? 그럼 나랑 언제 놀아 코딩이 그렇게 좋아?

그래서 말야 나도 한 번 코딩을 제대로 배워볼까 하는데....

잠깐!!!
마인크래프트 코딩 프로그램(앱)을 이용하면 누구나 쉽고 재미있게 코딩을 배울 수 있답니다.

코딩을 제대로 배워본다고? 너가? ㅋㅋㅋ

코딩 좀 배웠다고 까부네 ㅎㅎ

■ 동물 친구들이 좋아하는 과일을 찾아 적어 봅니다.

 내가 좋아하는 과일은 바나나와 체리 사이에 있어. 무엇일까? (   )

 내가 좋아하는 과일은 세 번째 줄 첫 번째 칸에 있어. 무엇일까? (   )

 내가 좋아하는 과일은 첫 번째 줄 오른쪽 끝에 있어. 무엇일까? (   )

 내가 좋아하는 과일은 두 번째 줄 두 번째 칸에 있어. 무엇일까? (   )

01 7단계 코딩하기

1 7단계 코딩 과제를 확인한 후, blocks(블록)을 이용하여 코딩합니다.

7/14번째 코딩 과제 : 미리 계획을 짜는 것이 좋습니다. 물의 양쪽에 작물을 심으면 나중에 배가 고프지 않아요.

① 반복문을 이용하면 한 번의 실행으로 여러 번의 작업을 할 수 있습니다.

② 캐릭터가 6개의 흙바닥 칸을 이동하면서 6개의 작물을 심기 위해 `작물 심기` 와 `앞으로 이동` 을 6번 반복합니다.

※ 명령 블록을 연결할 때 제자리부터 작물을 심어야 하므로 '작물 심기' → '앞으로 이동' 순서로 작업합니다.

③ 오른쪽 칸으로 이동하기 위해 `오른쪽으로 회전` 후, 앞으로 2칸 이동합니다.

⑤ 오른쪽 아래쪽 밭에 작물을 심기 위해 다시 한번 `오른쪽으로 회전` 합니다.

⑥ 이제 아래쪽으로 캐릭터가 6개의 흙바닥 칸을 이동하면서 6개의 작물을 심기 위해 `앞으로 이동` 과 `작물 심기` 을 6번 반복합니다.

※ 위 ②번 항목과 달리 명령 블록을 연결할 때 제자리가 아닌 다음 칸부터 작물을 심어야 하므로 '앞으로 이동' → '작물 심기' 순서로 작업합니다.

02 8단계 코딩하기

1 8단계 코딩 과제를 확인한 후, blocks(블록)을 이용하여 코딩합니다.

8/14번째 코딩 과제 : 크리퍼와 마주치는 건 좋지 않습니다. 크리퍼를 조심스럽게 지나쳐서 안전한 집에 도달하세요.

① 크리퍼가 없는 칸으로 이동해야 합니다.
② 반복문(반복 4번 실행)을 이용하여 여러 칸을 한꺼번에 이동합니다.
③ '크리퍼'가 없는 왼쪽으로 한 번 회전합니다.
④ 캐릭터가 앞으로 4칸 이동한 후, (반복문 사용) 왼쪽으로 회전 합니다.
⑤ 캐릭터가 앞으로 2칸 이동한 후, (반복문 사용) 오른쪽으로 회전 하고 앞으로 1칸 이동하면 도착합니다.

03 9단계 코딩하기

1 9단계 코딩 과제를 확인한 후, blocks(블록)을 이용하여 코딩합니다.

9/14번째 코딩 과제 : 가장 귀중한 자원은 땅속에서 찾을 수 있어요. 하지만, 땅속은 어두울 수 있지요. 햇불을 2개 이상 놓고 석탄을 2개 이상 채굴하세요.

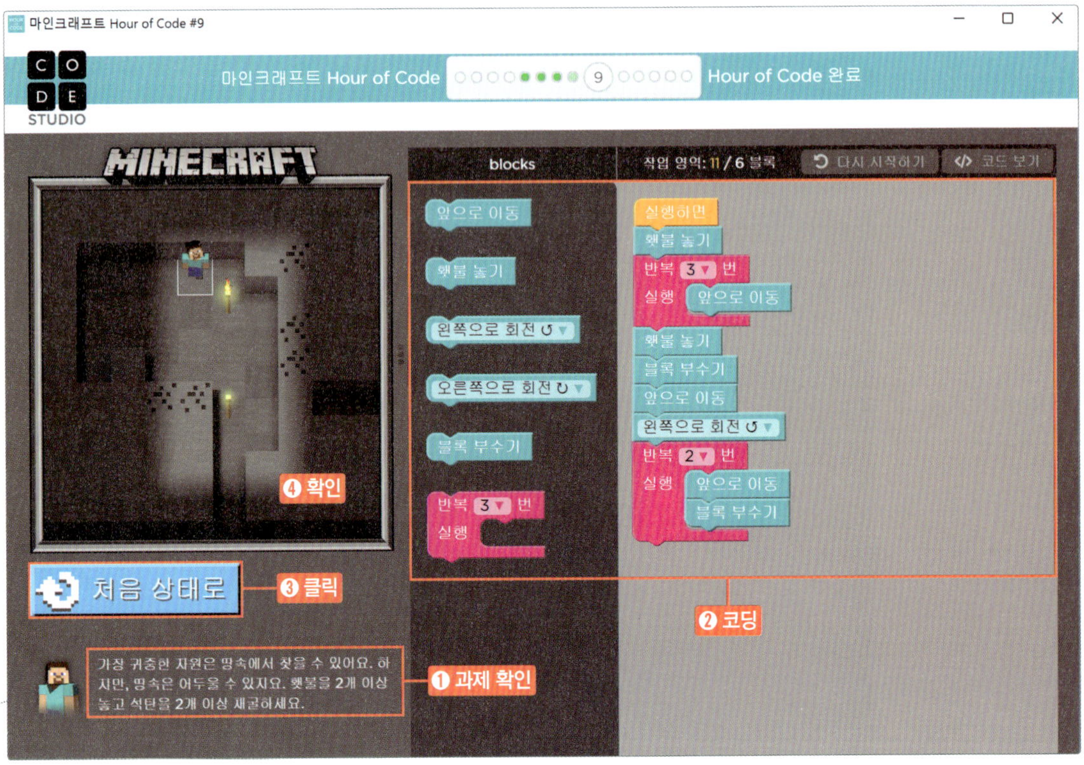

① 먼저 제자리에 `햇불 놓기` 를 놓습니다.
② 캐릭터가 앞으로 3칸 이동합니다.(반복문 사용 `반복 3번 실행`)
③ 햇불을 놓고 `블록 부수기` 를 합니다.
④ 앞으로 이동한 후 `왼쪽으로 회전` 을 합니다.
⑤ 앞으로 이동하면서 블록 부수기를 2번 반복합니다.(`반복 2번 실행 앞으로 이동 블록 부수기`)

CHAPTER 15

☐ 지금하기 ☐ 나중에 하기

1 다음 단계인 코딩 과제 10단계를 스스로 해결해 보세요.

10/14번째 코딩 과제 : 녹은 용암 속으로 걸어 들어가는 건 좋은 생각이 아니에요. 조약돌을 놓아서 다리를 만든 후 철 블록을 2개 이상 채굴하세요.

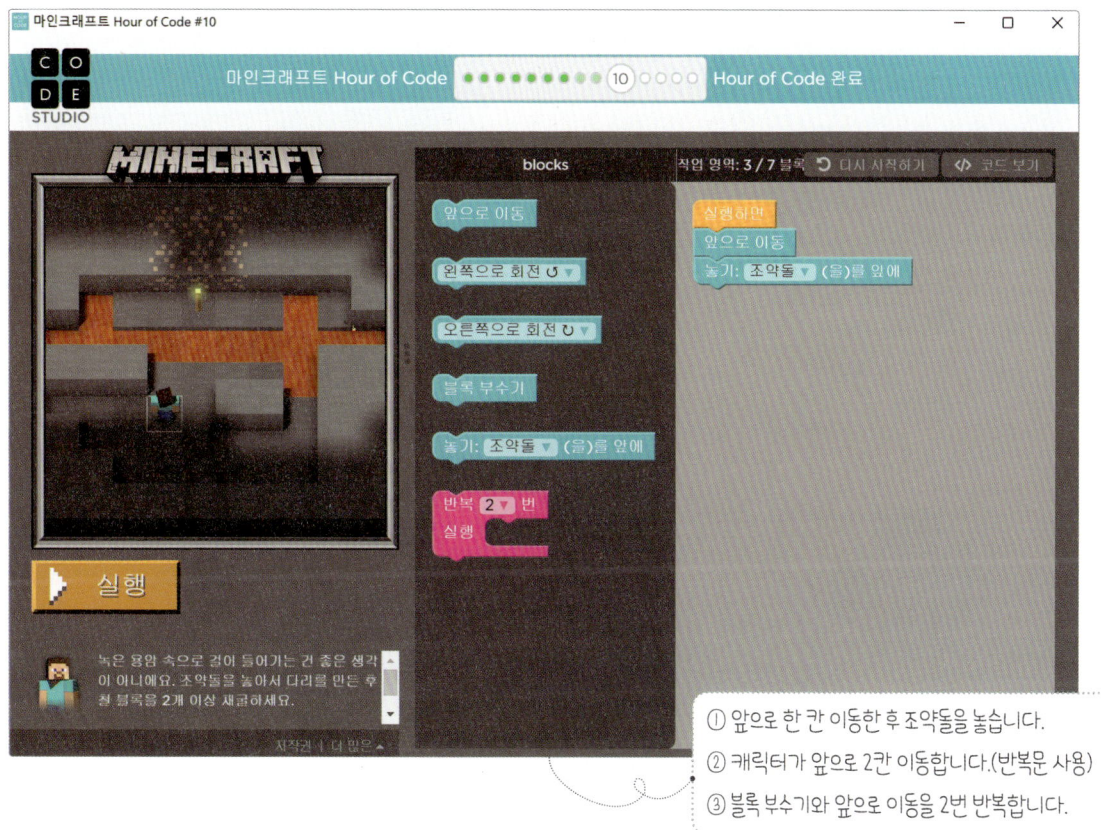

① 앞으로 한 칸 이동한 후 조약돌을 놓습니다.
② 캐릭터가 앞으로 2칸 이동합니다.(반복문 사용)
③ 블록 부수기와 앞으로 이동을 2번 반복합니다.

2 다음 단계인 코딩 과제 11단계 ~ 12단계는 스스로 해결해 보세요.

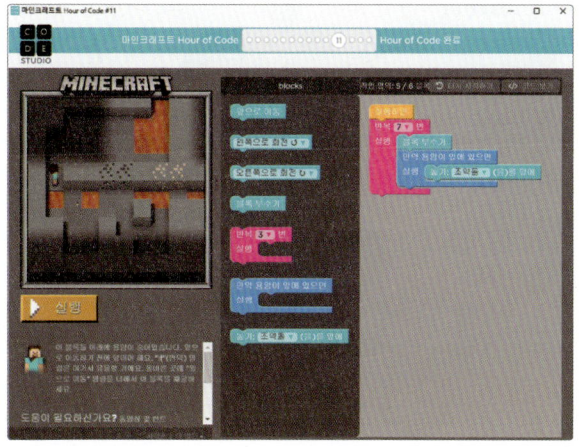

▲ 11단계   ▲ 12단계

CHAPTER 15 코딩 초보 탈출하기-2 **095**

CHAPTER 16 단원 종합 평가 문제

오늘 배울 내용
- K마블 타자 프로그램을 이용하여 [키보드 학습 게임]-[K마블 본부 수호 작전]을 시작합니다.
- 9일차~15일차에서 배운 내용을 평가해봅니다.

K마블 타수

 다음 중 3D 이미지로 올바른 것은 무엇일까요?

①  ②

③  ④

 그림판 3D 앱에서 클릭 한 번으로 넓은 면적에 색상을 칠할 수 있는 기능은 무엇일까요?

① 크레용( )   ② 채우기( )
③ 스프레이 캔( )   ④ 마커( )

3 그림판 3D 앱에서 어떤 기능을 이용하였을 때 보이는 화면일까요?

① 3D 보기

③ 팔레트

② 확대/축소

④ 스프레이 캔

4 마인크래프트 코딩(MCKorean)을 실행하여 13단계 ~ 14단계를 해결해 보세요.

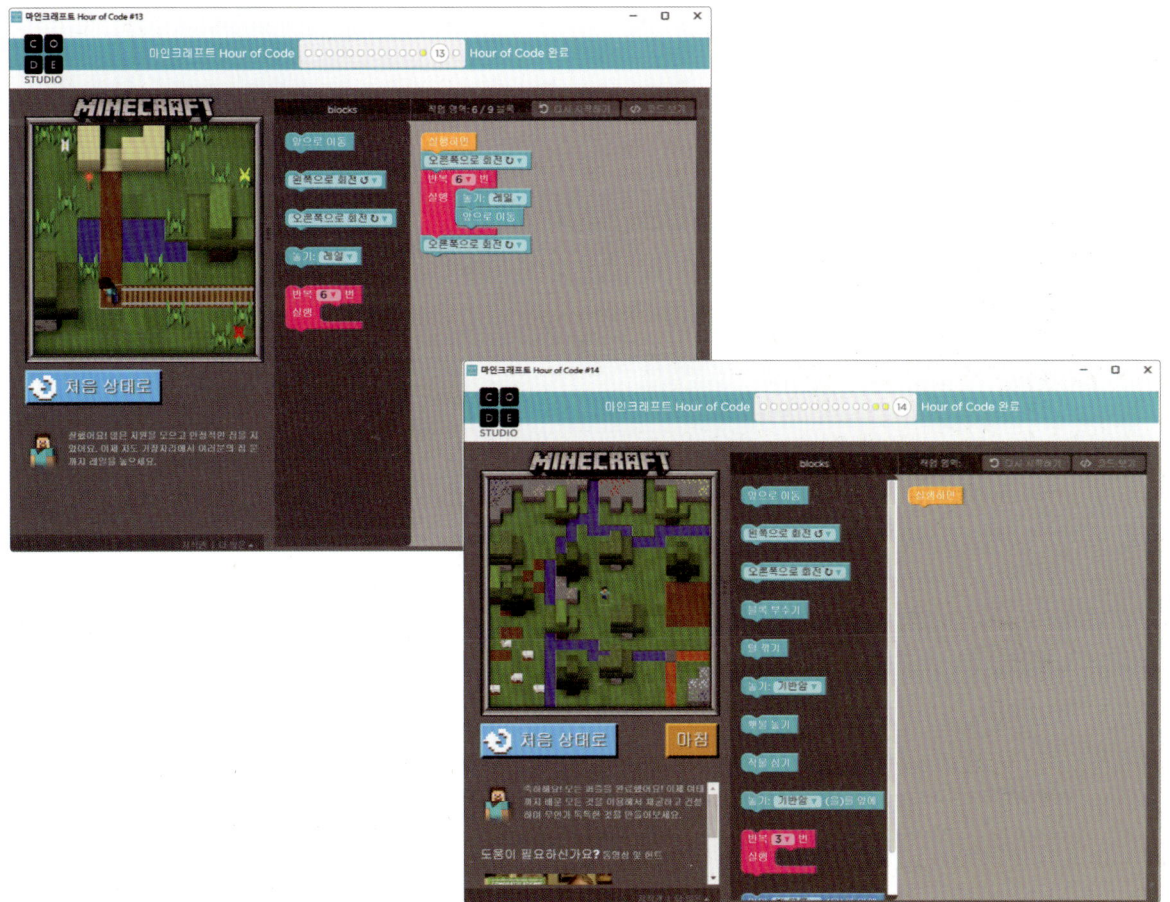

CHAPTER 17 빠르고 쉽게 계산하기

오늘 배울 내용

- K마블 타자 프로그램을 이용하여 [키보드 학습 게임]-[키보드 짧은 글 연습]-[컴퓨터 코딩 등 IT]를 시작합니다.
- 계산기 앱을 이용하여 복잡한 연산을 빠르고 정확하게 계산합니다.
- 계산기 앱의 날짜 계산 및 통화 환율 기능을 이용해 봅니다.

K마블 타수

배울 내용 미리보기!

6월 27일

내 생일은 오늘 기준으로 며칠이나 남았을까?

스마트폰 계산기로 간단하게 계산할 수 있지!

어디 한 번 계산해볼까?

3월은 31일까지 있고, 4월은 30일까지 있고... 5월은 31일까지.... 으악!!! 머리아파!!!!

그렇게 하면 하루도 더 걸리겠다..

윈도우에 있는 계산기 앱을 이용하면 덧셈, 뺄셈, 곱셈, 나눗셈을 쉽게 할 수 있어요~!

박사님!! 도와주세요~!!

ㅋㅋㅋ 뭐냐~잉 계산기로 다 할 수 있다면서

그정도는 내 계산기로 충분히 가능한데..

잠깐!!!

윈도우 계산기 앱에서는 날짜, 시간, 길이, 무게도 계산이 가능하답니다!!

계산기 앱을 먼저 배운 후 창의력 플러스를 해도 됩니다.

1 동물들의 키를 모두 합치면 얼마가 될까요?(더하기)

150 + 130 + 120 + 110 =

2 원숭이의 키가 기린만큼 커지기 위해서는 얼만큼의 숫자가 필요할까요?(빼기)

150 - 110 =

3 동물들이 가지고 있는 풍선은 모두 몇 개일까요?(곱하기)

7 x 4 =

4 12개의 사탕을 네 마리의 동물들에게 똑같이 나눠준다면 한 마리의 동물은 몇 개의 사탕을 먹을 수 있을까요?(나누기)

12 ÷ 4 =

위와 같이 어려운 계산도 '계산기 앱'을 이용하면 쉽고 빠르게 해결할 수 있어요!

01 계산기 앱으로 쉽게 계산할 수 있어요.

1 [시작(▦)]-[계산기(▦)]앱을 실행시킵니다.

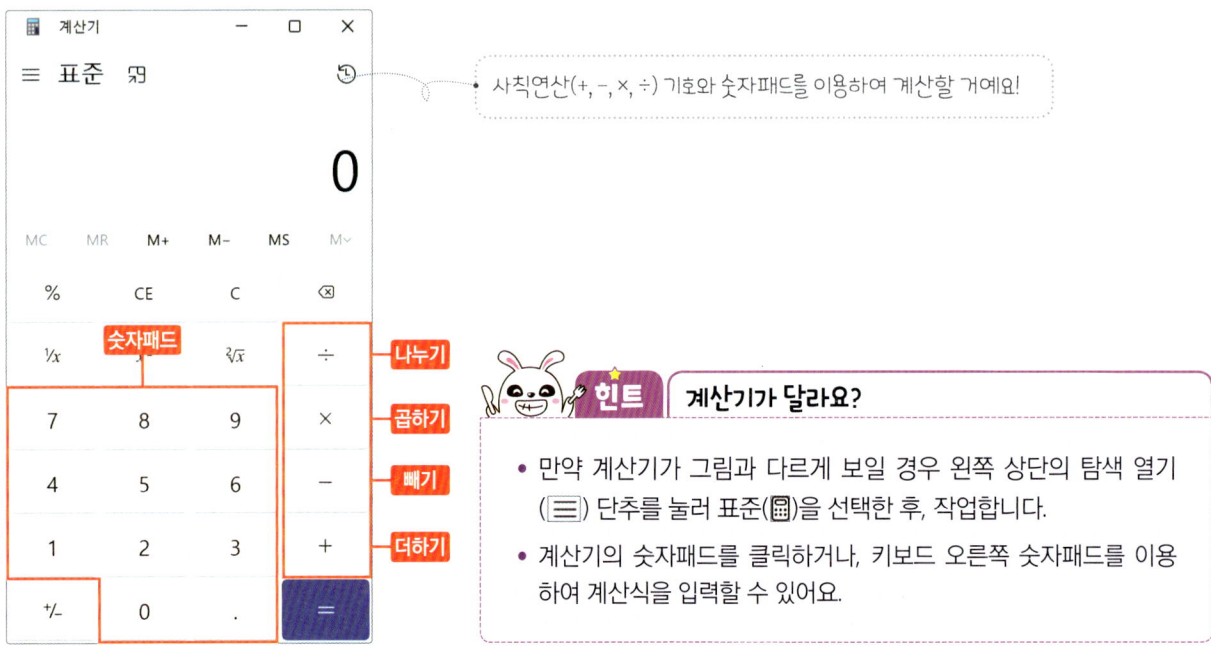

2 아래 문제를 확인하여 계산식을 적어본 후, 정답을 계산해 봅니다.

① 5,000원을 가지고 편의점에 가서 할인하는 과자를 2,950원에 구매했어요. 얼마가 남았을까요?

② 맛있는 젤리가 48개 있어요. 여섯 명이 공평하게 나눈다면 몇 개씩 먹을 수 있을까요?

③ 나의 몸무게는 31.3kg이고, 내 동생의 몸무게는 18.5kg이에요. 나와 동생의 몸무게를 합치면 얼마나 될까요?

④ 같은 반 친구들에게 나눠주기 위해 쿠키 30봉지를 준비했어요. 한 봉지에 쿠키가 8개씩 담겨있다면 모두 몇 개의 쿠키가 있을까요?

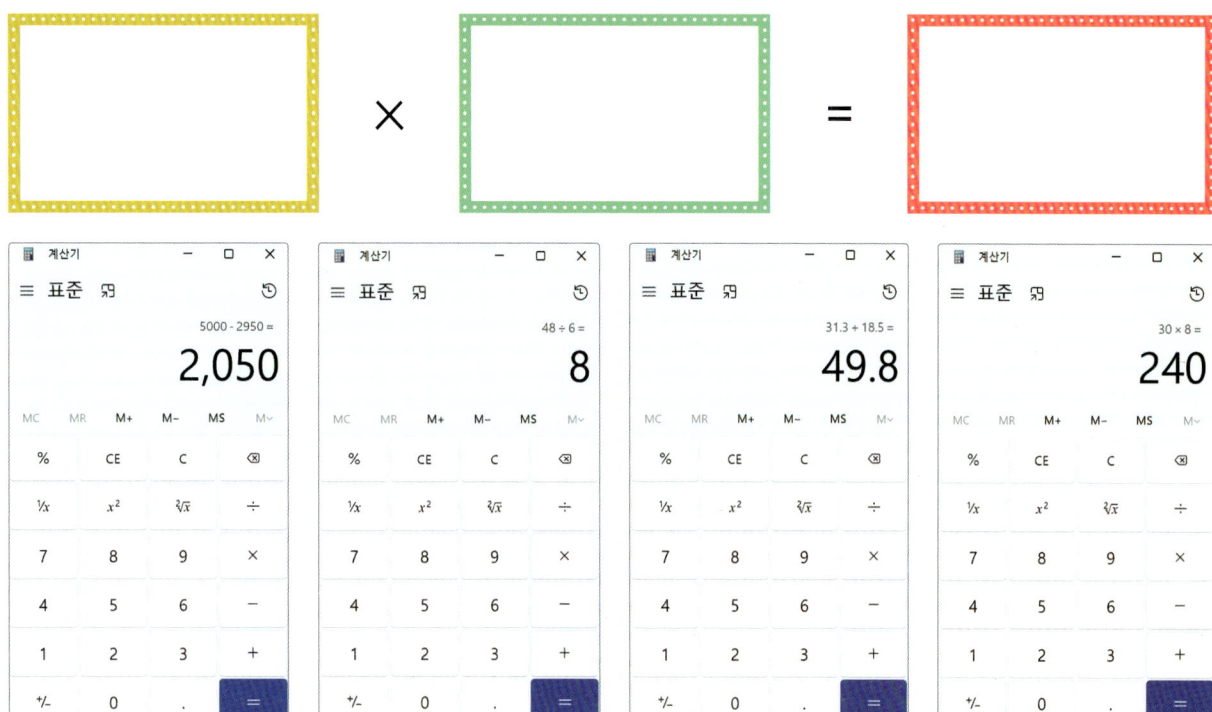

02 계산기 앱을 이용하면 날짜도 계산할 수 있어요!

 계산기 앱의 [탐색 열기(☰)] 단추를 눌러 [날짜 계산(📅)]을 선택한 후, 시작일을 클릭합니다.

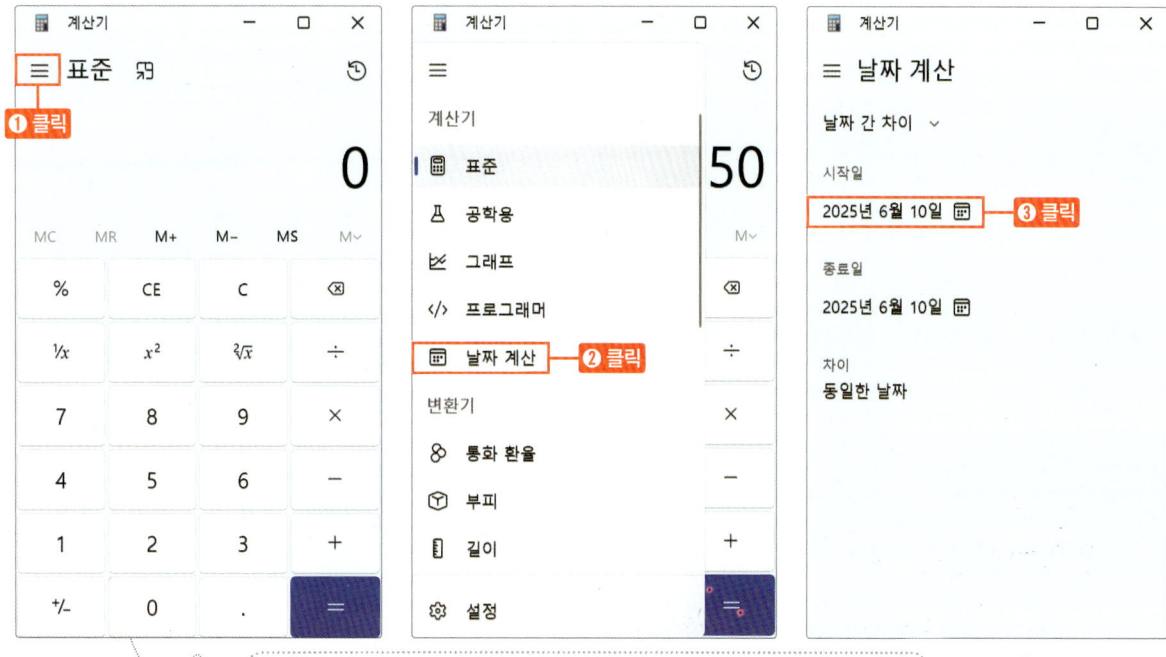

날짜 계산의 시작일과 종료일은 오늘 날짜 기준으로 기본값이 설정되어 있어요.

2 시작일을 2020년 1월 1일로 변경해 봅니다.

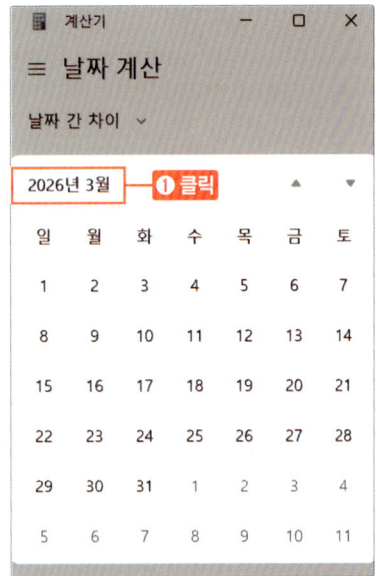 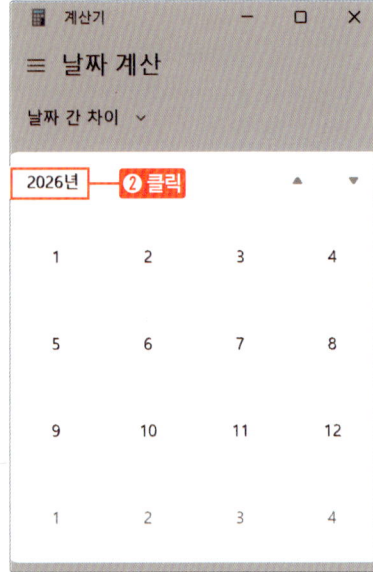 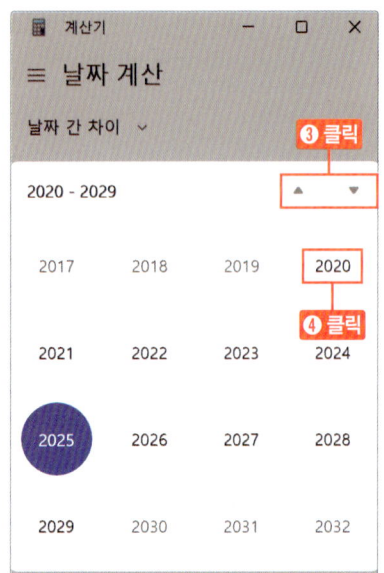

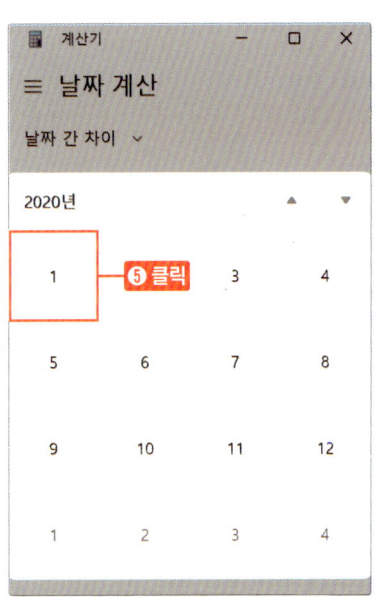  

3 2020년 1월 1일부터 오늘까지 총 며칠이 지났는지 확인합니다.

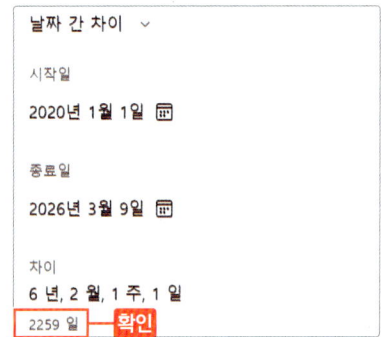

힌트 | 날짜 계산

계산기 앱을 이용하여 날짜 계산 시 종료일은 현재 날짜가 기본값으로 지정되어 있기 때문에 교재의 차이(2259일) 값과 결과가 다르게 나옵니다.

4. '시작일'은 오늘 날짜로 변경하고 '종료일'은 올해(또는 내년) 나의 생일로 변경한 후, 돌아오는 내 생일까지 며칠이 남았는지 계산해 봅니다.

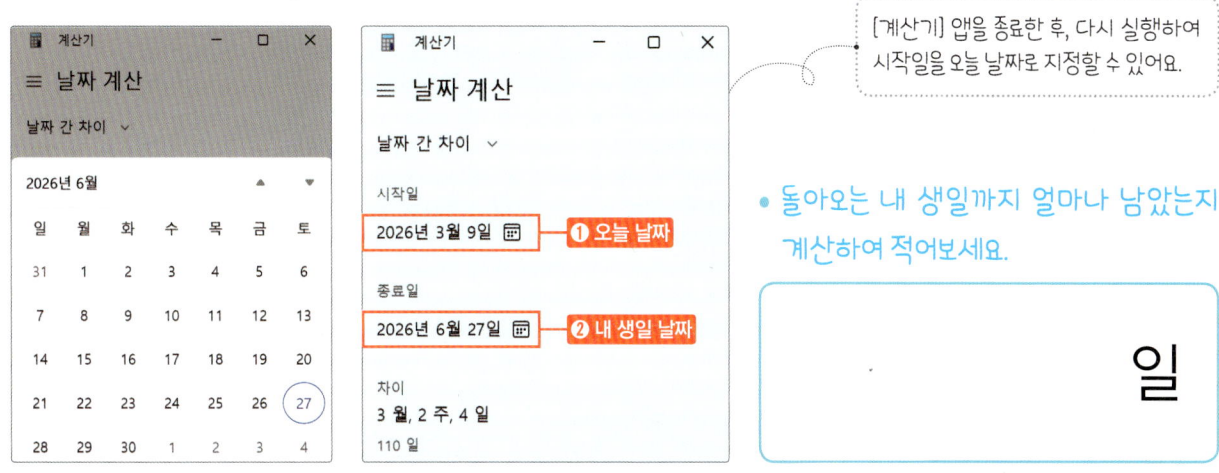

[계산기] 앱을 종료한 후, 다시 실행하여 시작일을 오늘 날짜로 지정할 수 있어요.

- 돌아오는 내 생일까지 얼마나 남았는지 계산하여 적어보세요.

    　　　　　　　일

CHAPTER 17 혼자서 뚝딱뚝딱

☐ 지금하기 ☐ 나중에 하기

1. 계산기 앱의 [탐색 열기(≡)] 단추를 눌러 '통화 환율(💱)'을 선택한 후, 아래와 같이 지정해보세요.

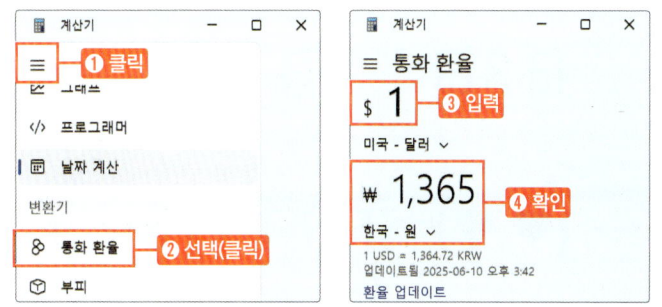

2. 오늘 날짜를 기준으로 미국의 $50(50달러)는 한국 돈으로 얼마인지 계산하여 적어보세요.

- 오늘 날짜 :　　　년　　　월　　　일
- 환율 금액 : $50(50달러) ▶ ₩　　　　　（　　　　　원）

3. 계산기 앱의 여러 가지 계산기능을 활용하여 친구와 퀴즈를 내고 맞추는 게임을 해보세요.

CHAPTER 18

메모장으로 이모티콘 만들기

오늘 배울 내용

- K마블 타자 프로그램을 이용하여 [키보드 학습 게임]-[키보드 짧은 글 연습]-[사회 생활]을 시작합니다.
- 메모장 앱을 실행한 후, 글꼴 서식을 변경합니다.
- 한자, 영문, 특수문자 등을 이용하여 이모티콘을 만들어 봅니다.

K마블 타수

배울 내용 미리보기!

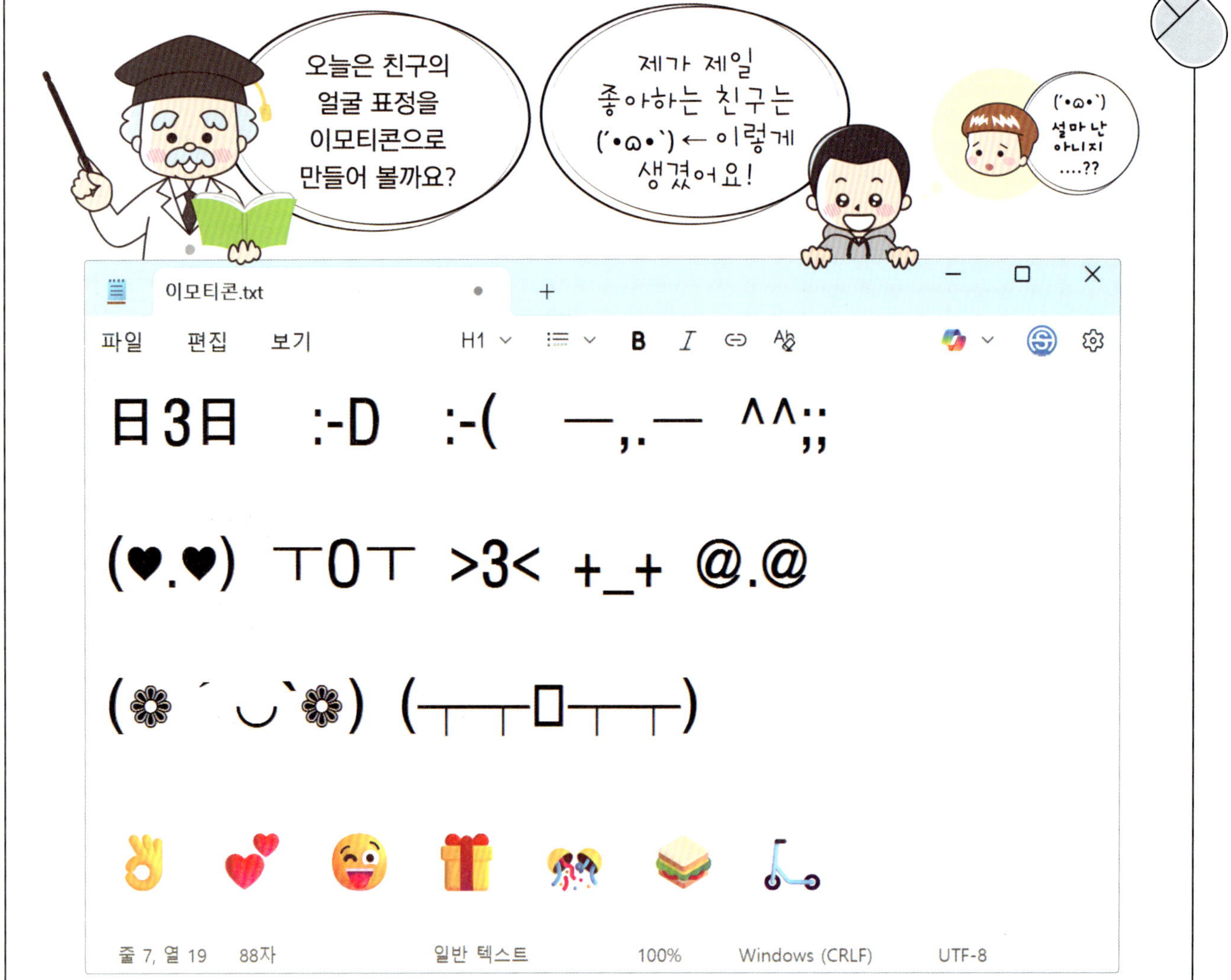

오늘은 친구의 얼굴 표정을 이모티콘으로 만들어 볼까요?

제가 제일 좋아하는 친구는 (´•ω•`)← 이렇게 생겼어요!

(´•ω•`) 설마 난 아니지 ....??

이모티콘.txt

파일 편집 보기   H1 ∨ ≡ ∨ B I ⊸ A̶

日3日   :-D   :-(―,.―   ^^;;

(♥.♥) ㅜOㅜ >3< +_+ @.@

(❀´ ‿ `❀) (┬┬﹏┬┬)

👌 💕 😜 🎁 👯 🥪 🛴

줄 7, 열 19   88자   일반 텍스트   100%   Windows (CRLF)   UTF-8

- 이모티콘(그림말)이란 무엇일까요? 이모티콘은 컴퓨터나 스마트폰에서 감정을 표현하기 위해 사용되며 문자, 기호, 숫자 등을 조합하여 만들기 시작했어요. 현재는 이모티콘이 발전되어 예쁜 그림으로 표현되기도 하고, 움직이거나 소리를 내는 등 다양한 형태의 이모티콘이 생겨났지요! 아래 이모티콘을 보고 어떤 감정을 표현하고 있는지 적어보세요.

ㅠ_ㅠ		—.,—	
(♥.♥)		^0^~♬	
@.@		o(^▽^)o	
日3日		(>人<)	
v(^-^)v		^^;;	
:-(		:-D	

01 메모장 앱을 실행합니다.

1 [시작(▦)]-[메모장(▤)] 앱을 실행시킵니다.

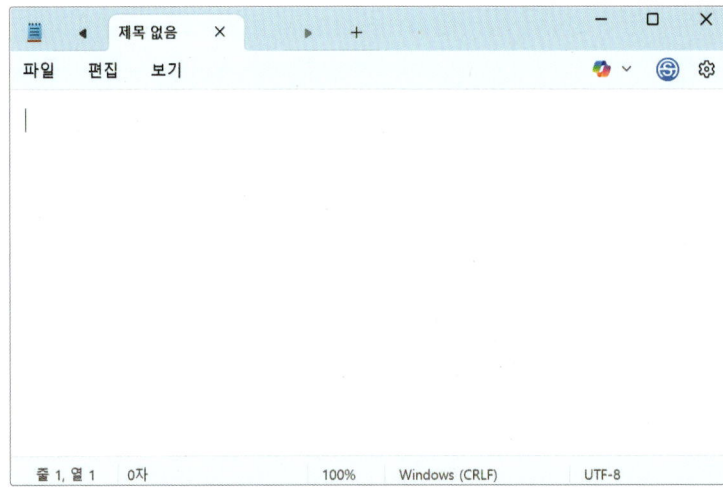

2 [설정()]에서 원하는 글꼴을 선택한 후, 크기를 '28' 정도로 지정합니다.

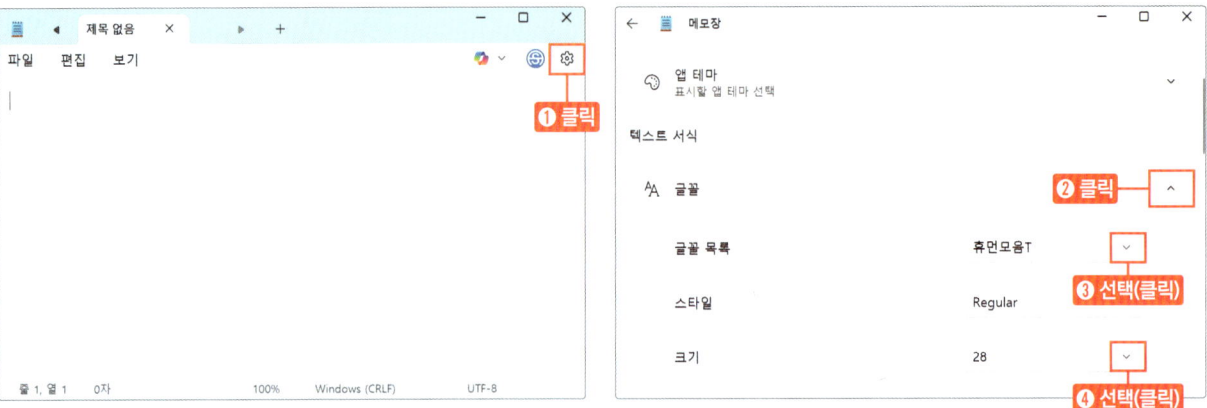

02 한자와 숫자를 이용하여 이모티콘을 만들수 있어요.

1 '일'을 입력한 후, [한자] 키를 눌러 '日'을 선택합니다.

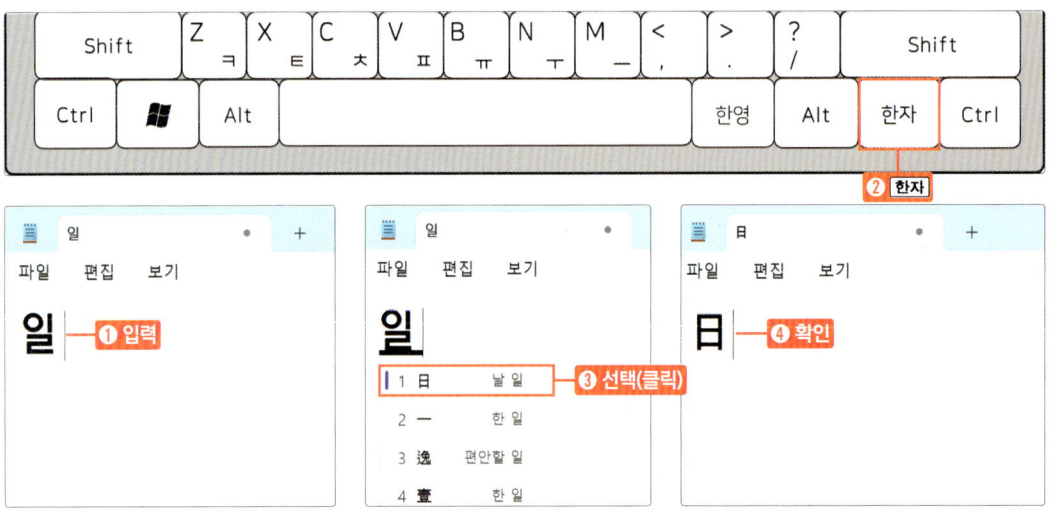

2 숫자 '3일'을 입력한 후, 위와 같은 방법으로 '일'을 한자로 변경합니다.

커서(|)가 깜빡거리는 위치에 글자를 입력할 수 있어요.

03 특수 문자와 영문을 이용하여 이모티콘을 만들 수 있어요.

1 다음 순서를 참고하여 이모티콘을 완성해 봅니다.

> 문자를 잘못 입력했을 때는 Back Space 키 또는 Delete 를 눌러 지울 수 있어요.

① Space Bar 키를 두 번 눌러 두 칸을 띄워요.
② Shift + : 키를 눌러 눈 모양을 만들어요.
③ - 키를 눌러 코 모양을 만들어요.
④ 한/영 키를 눌러 키보드 자판을 영문으로 변경해요.
⑤ Caps Lock 키를 눌러 영문 대문자 입력을 활성화 시킨 후, D 키를 눌러 입 모양을 만들어요.

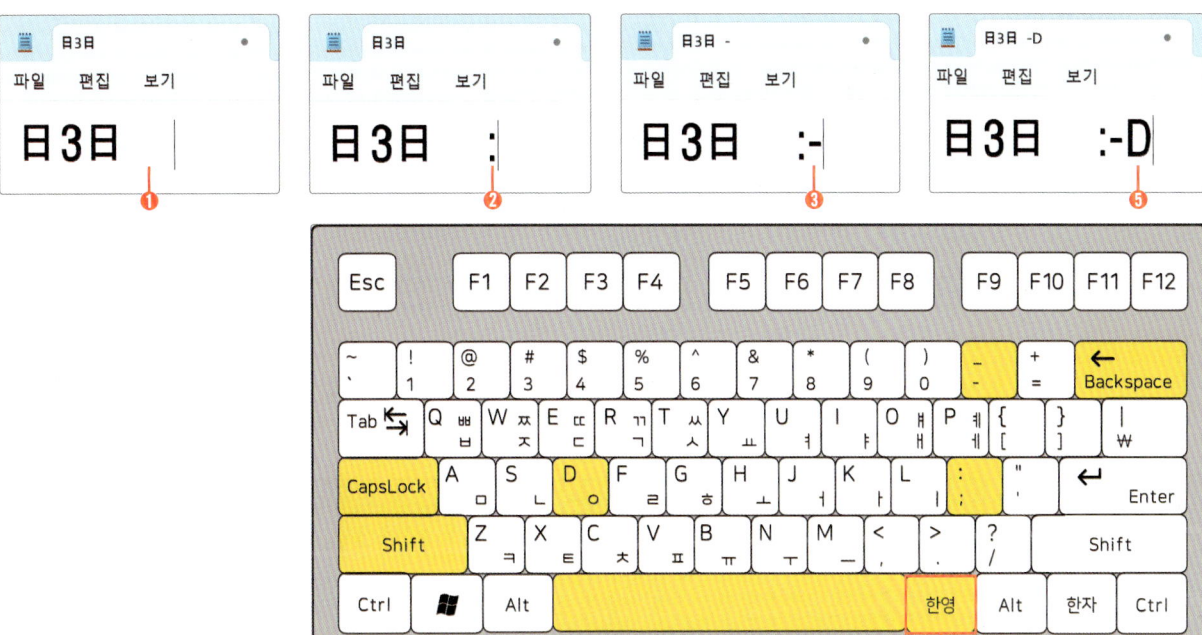

2 동일한 방법으로 아래 그림을 참고하여 나머지 이모티콘을 만들어봅니다.

> 한/영 키를 눌러 입력될 언어를 한글로 변경한 후, 작업해요.

CHAPTER 18 메모장으로 이모티콘 만들기 **107**

3 다음 순서를 참고하여 이모티콘을 완성해 봅니다.

① **Enter** 키를 두 번 눌러 커서를 두 줄 아래로 이동해요.
② **Shift** + **(** 키를 눌러 왼쪽 볼 모양을 만들어요.
③ 'ㅁ'을 입력한 후, **한자** 키를 눌러 '♥' 모양을 선택해요.
④ **.** 키를 눌러 코 모양을 만들어요.
⑤ '♥'와 ')'를 순서대로 입력하여 이모티콘을 완성해요.

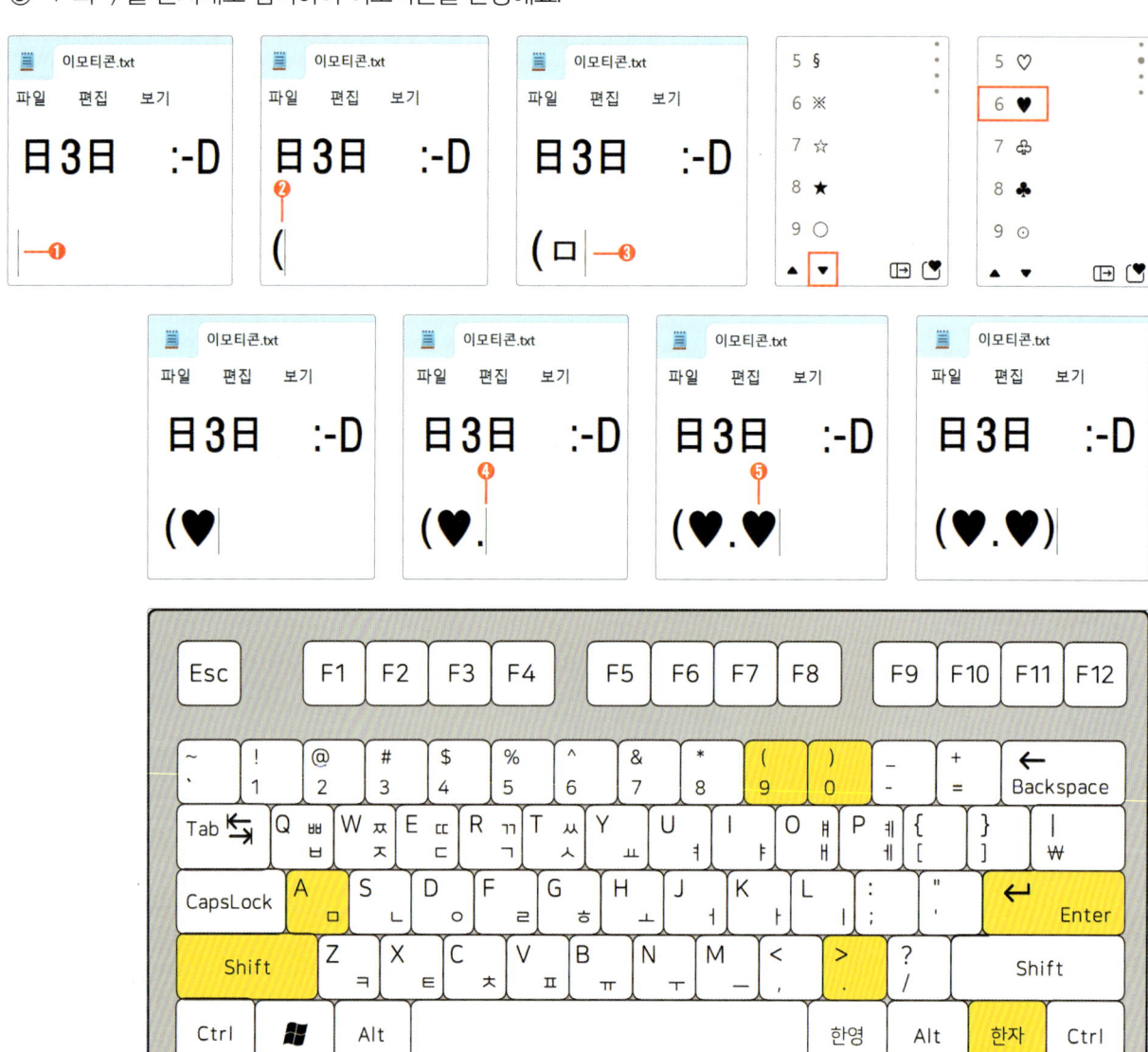

CHAPTER 18

혼자서 뚝딱뚝딱

☐ 지금하기 ☐ 나중에 하기

1 배운 기능을 활용하여 메모장 앱에 나만의 이모티콘을 만들어 보고, 아래에 직접 그려본 후 어떤 상황에서 사용하는 것이 좋을지 적어보세요.

TOT	슬플때		

2 [메모장] 앱에서 'ㅁ'+ [한자] 키를 누른 후,  눌러 메모장에서 제공하는 이모지, Kaomoji, 등 다양한 기호를 메모장에 입력해 보세요.

또는 키보드의 '윈도우( )' 키를 누른채 [.] 키를 눌러도 나와요.

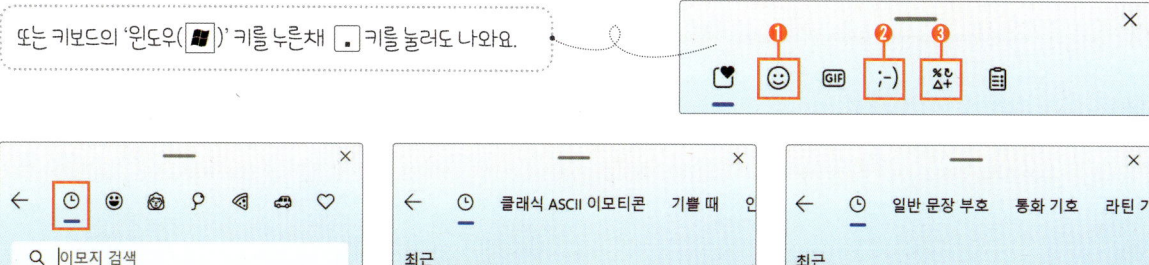

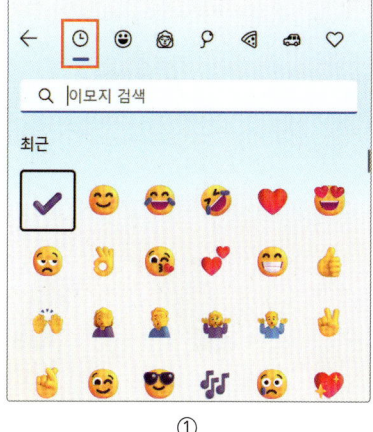
①

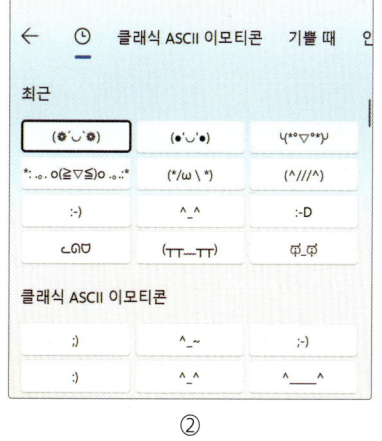
②

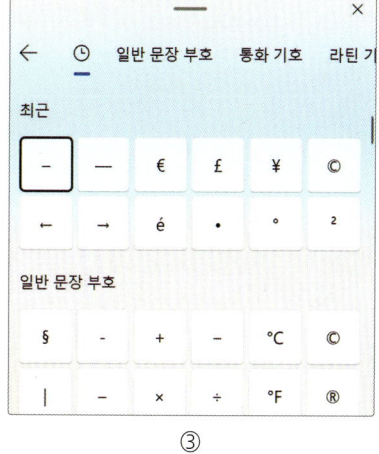
③

CHAPTER 18 메모장으로 이모티콘 만들기

CHAPTER 19 친구들과 한옥마을에 놀러가요!

오늘 배울 내용

- K마블 타자 프로그램을 이용하여 [키보드 학습 게임]-[키보드 짧은 글 연습]-[과학 탐구]를 시작합니다.
- 인터넷으로 네이버 지도를 검색하여 접속합니다.
- 네이버 지도에서 현재 위치와 만날 장소까지 거리와 시간, 대중교통을 알아봅니다.

K마블 타수

배울 내용 미리보기!

우와! 우리 학교 아니야?

인터넷을 이용하여 지도를 검색해 원하는 장소 또는 여러 가지 정보를 알아볼까요?!

파주 친구들 9시 모임
서울
일산 친구들 10시 모임
안국역 2번출구 11시까지 모두모여!

■ 인터넷은 여러 사람들과 소통을 할 수 있는 공간이에요. 우리는 스마트폰이나 컴퓨터를 이용하여 인터넷 공간에서 많은 시간을 보내기도 하지요. 인터넷을 이용할 때 서로 지켜야할 예절이 있는데 그것을 '네티켓'이라고 불러요.

▶ 다음 중 네티켓에 대한 올바른 내용에 '○' 표시를 한 후, 잘못된 내용은 고쳐서 발표해 보세요.

> ♥ 인터넷 사용 네티켓
>
> [　　　] 글을 쓸 때 띄어쓰기와 맞춤법은 틀려도 괜찮아요.
> [　　　] 오늘 해야하는 일들을 먼저 끝낸 후 인터넷을 사용해요.
> [　　　] 내가 좋아하는 노래나 동영상의 소리를 크게 틀어서 주변 사람들에게 들려주어요.
> [　　　] 파일을 함부로 다운받거나 올리지 않아요.
> [　　　] 바른말 고운말을 사용하고 서로를 칭찬해요.
> [　　　] 내가 좋아하는 친구의 사진이나 휴대폰 번호를 인터넷에 공개해요.
> [　　　] 다른 사람의 ID 및 비밀번호를 몰래 사용하지 않아요.
> [　　　] 악성 댓글 및 지나친 비방 댓글은 달지 않아요.
> [　　　] 주말에는 늦은 시간까지 인터넷을 이용해도 괜찮아요.

01 네이버 지도에서 '북촌 한옥마을'까지 가는 대중교통을 알아봅니다.

1 [시작(▦)]-[Microsoft Edge(◉)]를 클릭합니다. 이어서, 주소 입력칸에 '네이버'를 입력한 후, Enter 키를 누릅니다.

 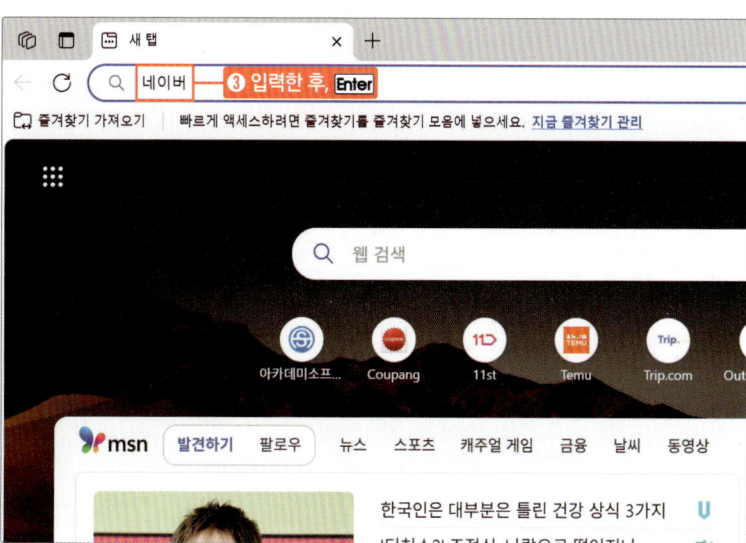

CHAPTER 19 친구들과 한옥마을에 놀러가요! **111**

2. 검색 결과에 '네이버'를 클릭합니다.

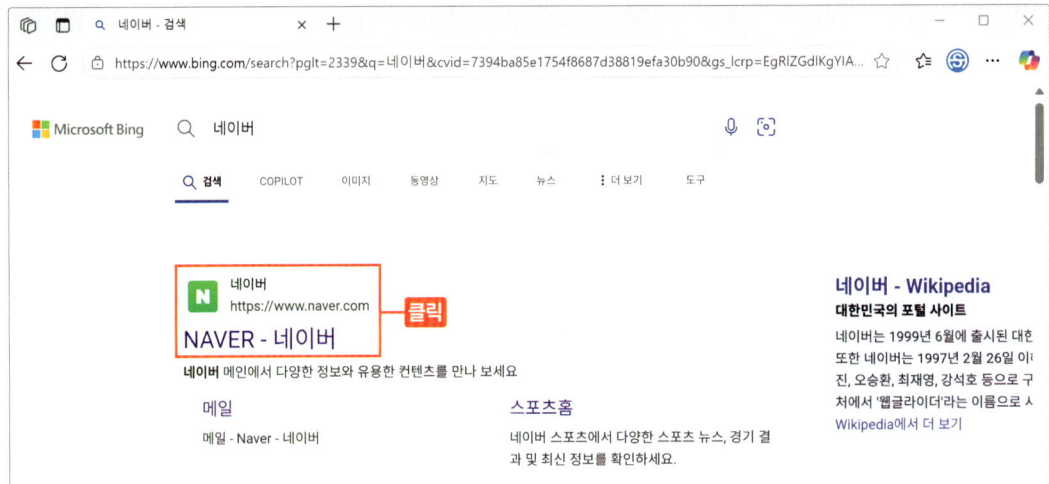

3. '네이버' 홈페이지가 열리면 위쪽 메뉴에서 '지도'를 클릭합니다.

4. [네이버 지도] 페이지가 나오면 '출발지'와 '도착지'를 지정하고 어떤 길로 갈지 확인합니다.
   ➡ [길찾기]-[대중교통]-[출발지(우리 학교 이름)]-[도착지(북촌 한옥마을)]-[길찾기]

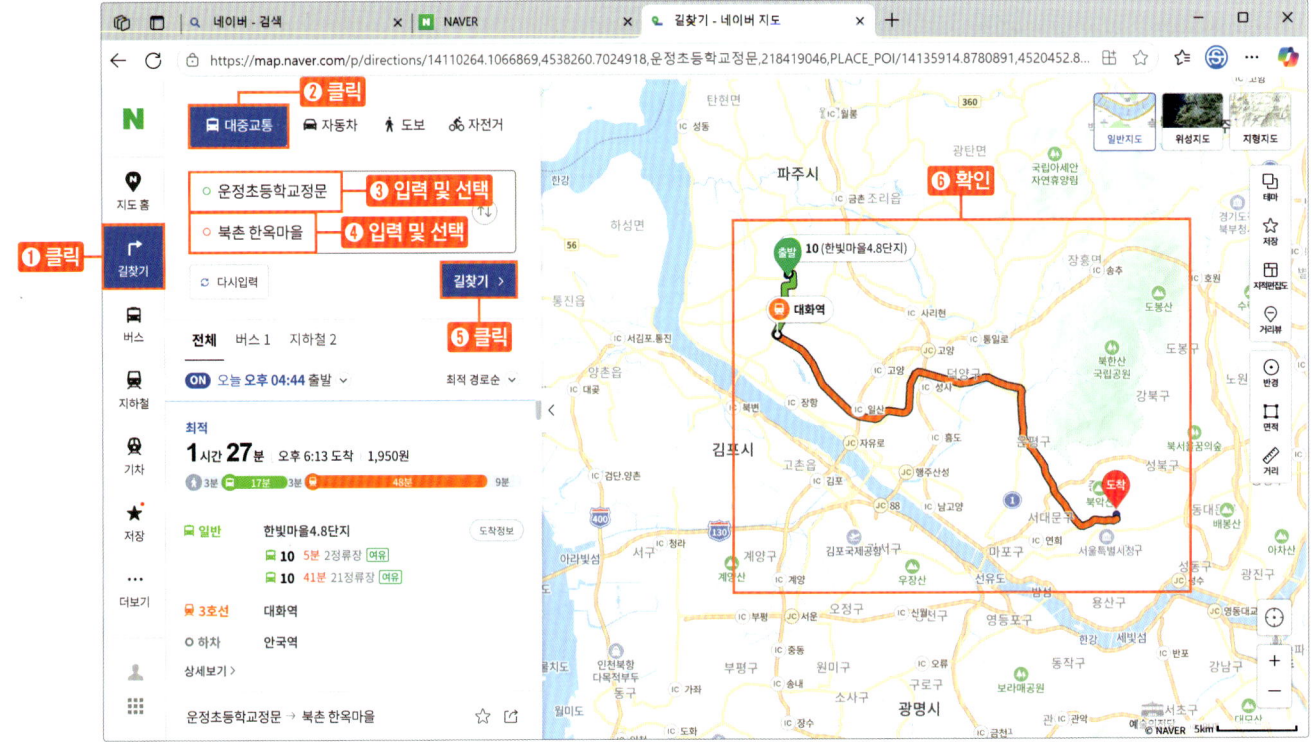

5 왼쪽 탭에서 대중교통을 이용하여 목적지까지 가는 다양한 교통 정보가 나오면 각각의 경로에서 시간, 비용 등을 확인한 후, 원하는 경로에서 상세보기 > 를 클릭하여 자세한 교통 정보를 확인합니다.

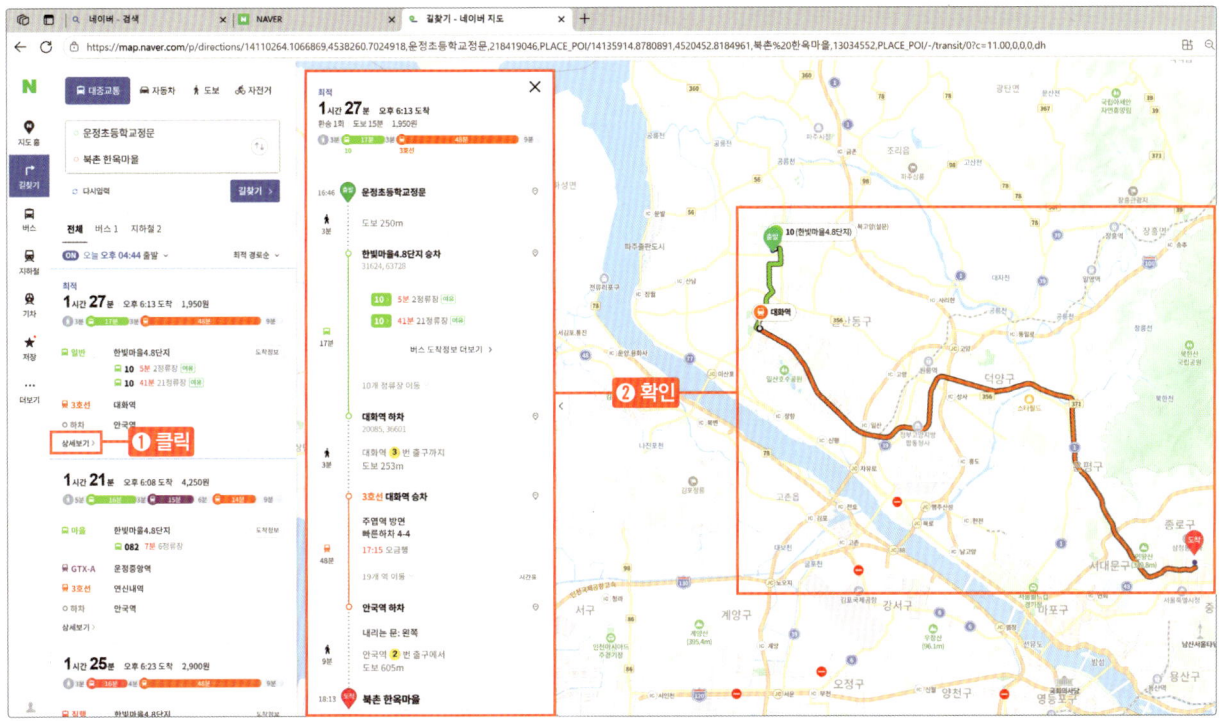

02 친구들에게 만나는 장소를 표시하여 메일, 카톡 등으로 공유합니다.

1 윈도우 검색란에 '캡처'를 입력합니다. 이어서, [캡처 도구]를 클릭한 후,  를 클릭합니다.

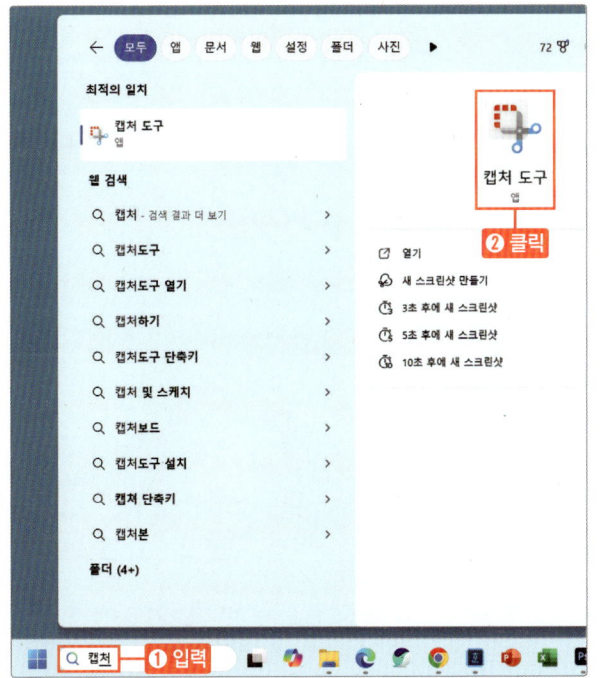

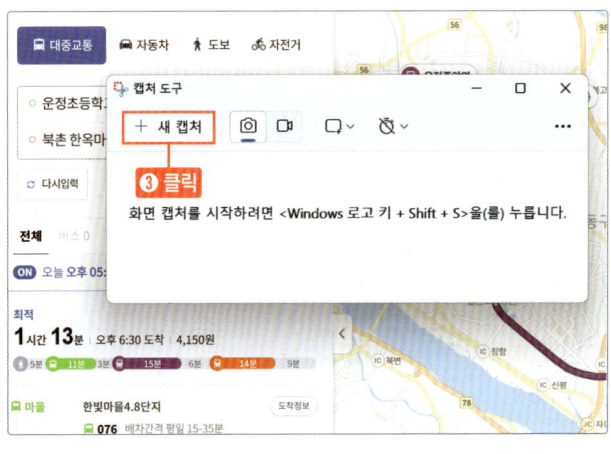

CHAPTER 19 친구들과 한옥마을에 놀러가요! **113**

2 필요한 부분을 드래그하여 캡처합니다.

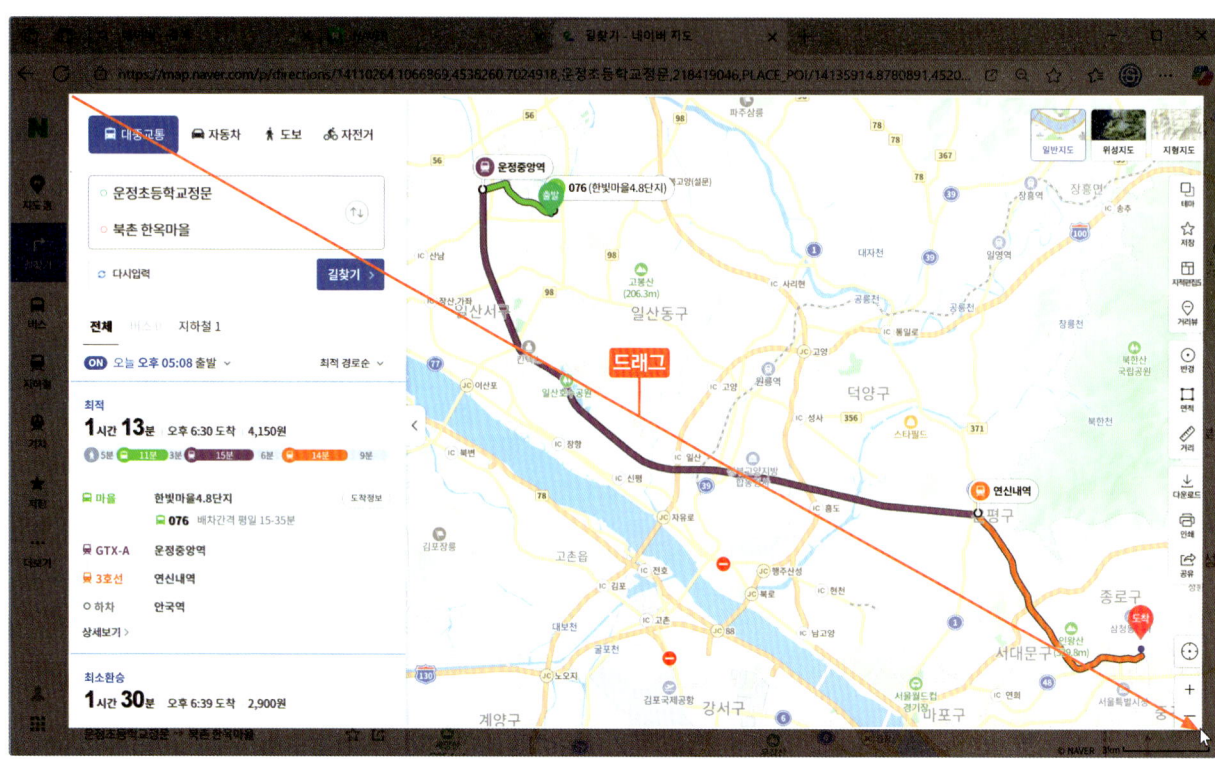

3 캡처한 지도 화면에 사각형과 친구들에게 알려줄 간단한 메모를 마우스로 드래그하여 입력합니다.

잘못 그린 글자는 지우개( ) 또는 실행 취소( )를 이용하여 지울 수 있습니다.

4 저장(📀)을 클릭하여 내 컴퓨터에 저장합니다.

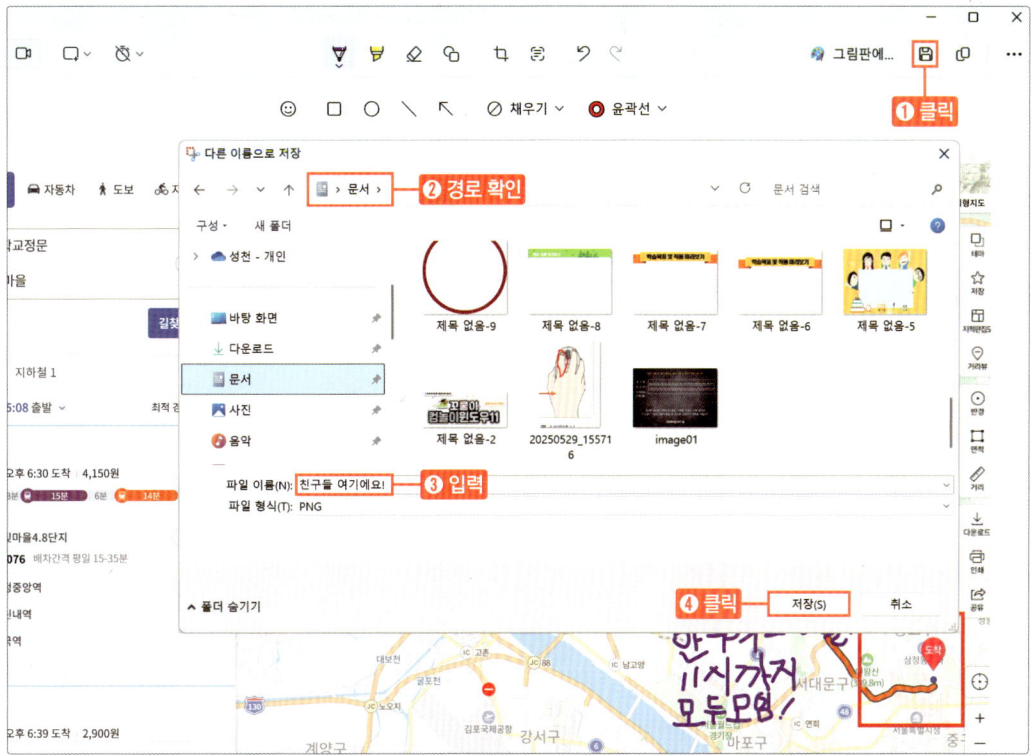

5 또는 [자세히 보기(⋯)]-[공유]를 클릭하여 메일, 카톡 등으로 친구들에게 바로 공유할 수도 있습니다.

CHAPTER 19 친구들과 한옥마을에 놀러가요! **115**

CHAPTER 19

☐ 지금하기 ☐ 나중에 하기

1 아래 그림과 같이 우리 학교에서 우리 집까지 걸어서 얼마나 걸리는지 확인한 후, 적어봅니다.

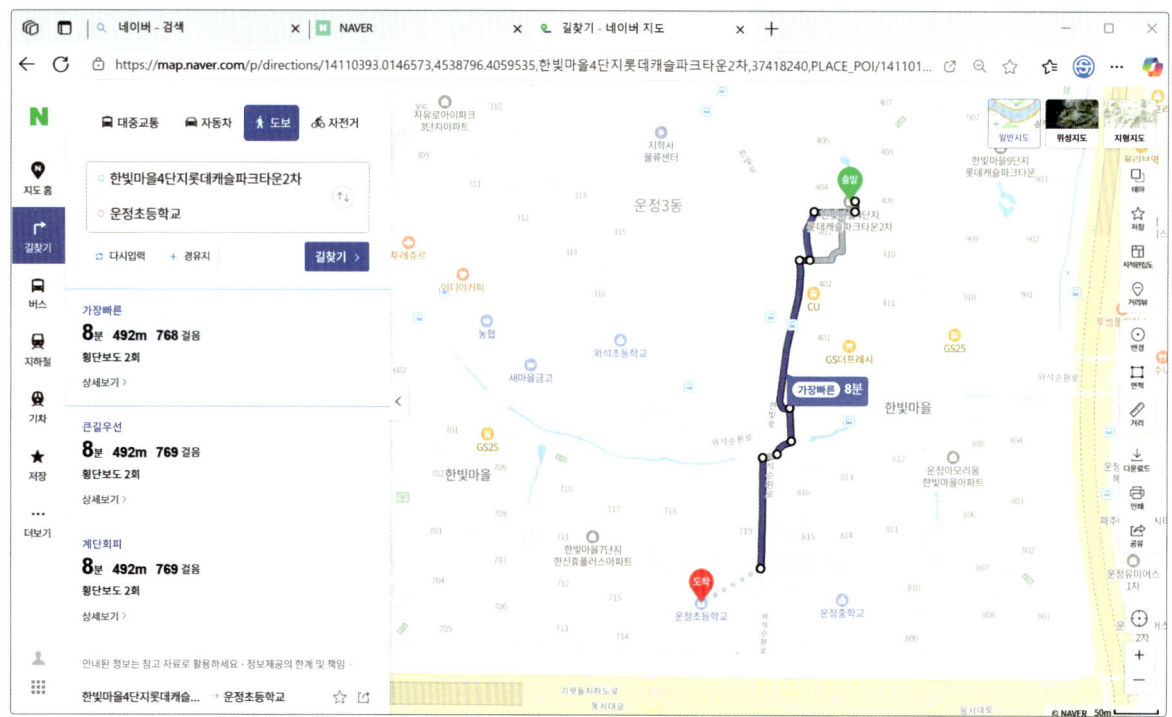

시간 :

 힌트

① [네이버]-[지도]-[길찾기]-[도보]
② 출발지 입력 및 선택
③ 도착지 입력 및 선택
④ <길찾기> 단추 클릭
⑤ '상세보기' 클릭
⑥ 확인

CHAPTER 20 우리 동네를 소개합니다~

오늘 배울 내용
- K마블 타자 프로그램을 이용하여 [키보드 학습 게임]-[키보드 짧은 글 연습]-[한국사 세계사]를 시작합니다.
- 네이버 지도를 이용하여 우리 동네로 이동합니다.
- 지도의 날짜를 과거로 변경하여 변화된 우리 동네의 모습을 살펴봅니다.

K마블 타수

배울 내용 미리보기!

- 어디서 많이 봤던 곳인데.. 어디더라..?
- 우리 학교 앞이잖아...
- 인터넷 지도로 우리 동네를 한 눈에 살펴볼 수 있고, 어디든지 여행도 가능하답니다!

 **창의력 플러스**

■ 처음 만난 친구에게 내가 살고있는 동네를 소개하려면 어떻게 설명하는 것이 좋을까요? 전철역, 병원, 학교, 경찰서, 은행, 마트, 도서관, 교회 등의 큰 건물 위주로 주변을 설명하면 빠르게 위치를 알 수 있어요. 우리 동네를 한 눈에 파악할 수 있는 약도를 그려보아요. '약도'란 지도를 간략하게 표현하여 그린 것을 의미해요.

① 우리 동네의 큰 건물은 어떤 것들이 있는지 적어보세요.

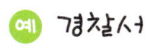 경찰서

② 우리 학교를 기준으로 큰 건물들을 배치하여 우리 동네 약도를 그려보세요.

CHAPTER 20 우리 동네를 소개합니다~ **119**

01 네이버 지도에서 우리 학교를 찾아봅니다.

> 모두 > 를 클릭하면 내 컴퓨터에 설치된 모든 프로그램(앱)을 확인 및 실행할 수 있어요.

1. [시작(⊞)]-[모두(모두 >)]-[Microsoft Edge(🌙)] 앱을 실행하여 '네이버'에 접속한 후, [지도]를 클릭합니다.

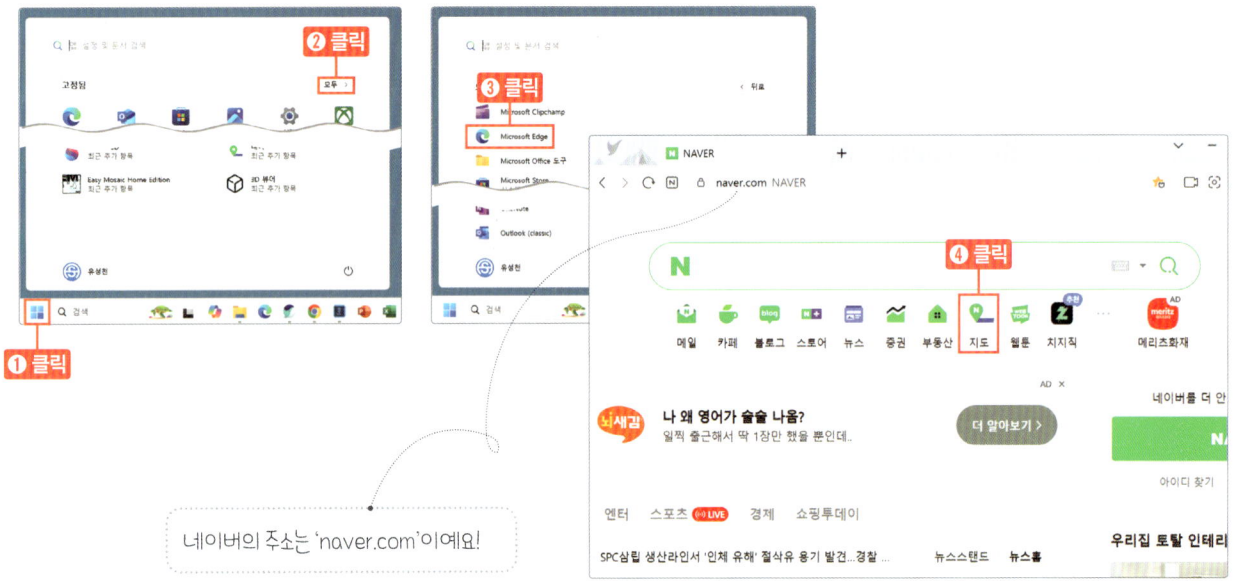

네이버의 주소는 'naver.com'이에요!

2. 네이버 지도가 실행되면 내가 현재 다니고 있는 학교 이름을 검색합니다.

3. 학교 이름이 검색되면 '거리뷰(📍)' 아이콘을 클릭합니다.

4 아래 방법을 참고하여 학교에서 우리집까지 찾아가 봅니다.

① **휠을 굴리기** : 지도를 확대 또는 축소할 수 있어요.
② **방향키**(←, →) : 화면의 시점을 좌우로 변경할 수 있어요.
③ **왼쪽 단추를 누른 채 드래그** : 화면의 시점을 자유롭게 조절할 수 있어요.
④ **방향키**(↑, ↓) : 방향에 맞추어 일정한 거리만큼 앞뒤로 이동할 수 있어요.
⑤ **더블클릭** : 마우스가 있는 곳으로 한 번에 이동할 수 있어요.
⑥ **길 따라가기**(길 따라가기 >) : 클릭시 길을 따라 자동으로 앞으로 갑니다.

02 우리 동네 옛날에는 어떤 모습일까?

1 '뒤로 이동(←)' 단추를 클릭하여 네이버 지도 첫 화면으로 이동합니다.

2 우리 동네에서 가장 가까운 지하철역 또는 기차역을 검색한 후, '거리뷰()' 아이콘을 클릭한 후, 거리뷰 지도에서 '전체 보기( )'를 선택합니다.

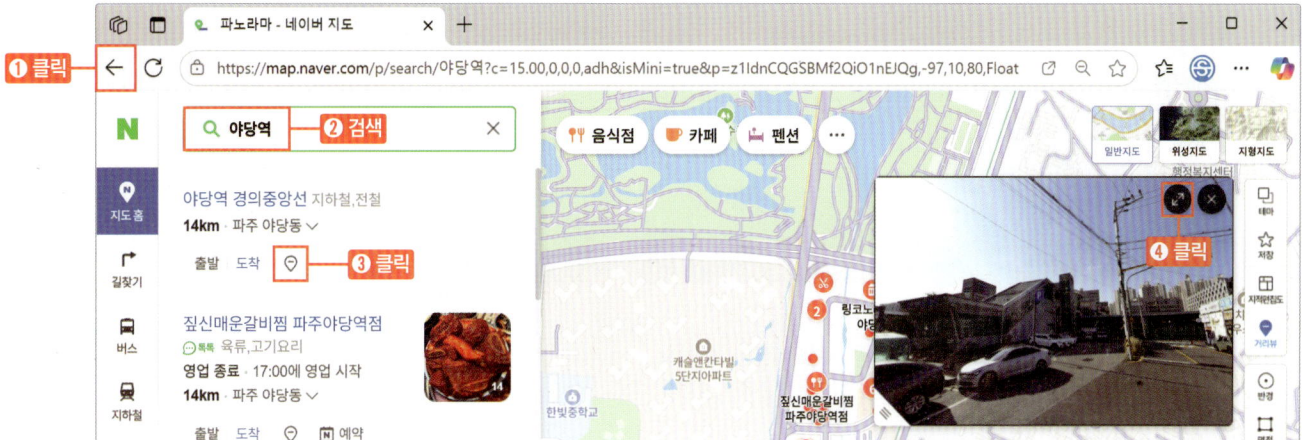

3 지도 아래쪽의 날짜를 클릭하여 과거 날짜로 변경합니다.

해당 날짜는 거리뷰 지도가 작업된 시기이며 장소에 따라 날짜가 다르게 나타날 거예요.

4 주변을 둘러보면서 과거와 현재의 모습을 비교하며 살펴봅니다.

▲ 과거

▲ 현재

03 항공뷰 기능을 이용하여 한 번에 찾아갈 수 있어요.

하늘에서 내려다보는 시점을 '항공뷰'라고 해요!

1 지도 오른쪽의 주변 항공뷰() 아이콘을 선택한 후, 원하는 장소를 더블클릭합니다.

지도 위치에 따라 '주변 항공뷰( )' 아이콘이 보이지 않을 수도 있어요. 이런 경우에는 지도의 위치를 다른 장소로 변경해 보세요.

② 선택한 장소로 한 번에 이동된 것을 확인합니다.

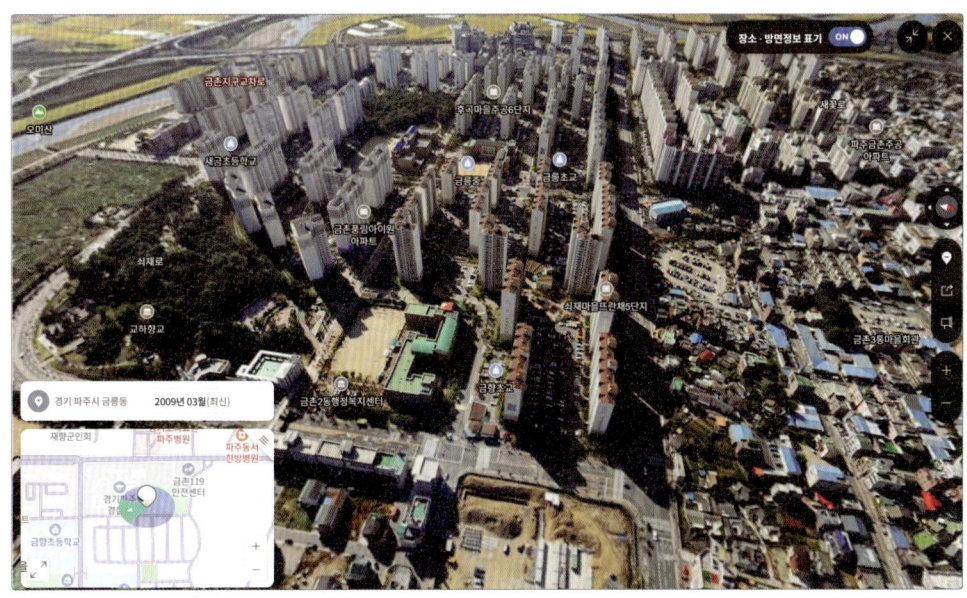

CHAPTER 20 혼자서 뚝딱 뚝딱

□ 지금하기 □ 나중에 하기

① 네이버 [지도]에서 '협재해수욕장'을 검색한 후, '주변 항공뷰()' 기능을 이용하여 제주도의 멋진 바다를 감상해 보세요.

② 네이버 [지도]에서 '에버랜드'를 검색한 후, '거리뷰()' 기능을 이용하여 재미있는 놀이공원을 즐겨 보세요.

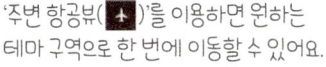
'주변 항공뷰(✈)'를 이용하면 원하는 테마 구역으로 한 번에 이동할 수 있어요.

CHAPTER 20 우리 동네를 소개합니다~ **123**

CHAPTER 21 인공지능 공부시키기

오늘 배울 내용

- K마블 타자 프로그램을 이용하여 [키보드 학습 게임]-[키보드 짧은 글 연습]-[속담 사자성어]를 시작합니다.
- 바다를 위한 AI(인공지능)에 접속하여 학습을 진행합니다.
- 바다 환경을 위한 정보와 환경 오염에 관한 정보를 학습합니다.

K마블 타수

■ 아래의 화살표를 보고 쥐돌이가 찾은 치즈의 개수를 적어봅니다.

남은 치즈의 개수는 모두 (3)개

남은 치즈의 개수는 모두 (   )개

남은 치즈의 개수는 모두 (   )개

01 바다 환경을 지키는 인공지능 앱이 있어요!

'에이아이 포 오션'이라고 읽어요.

1 크롬에서 '바다 환경을 위한 AI'를 검색한 다음 'AI for Oceans'를 클릭합니다.

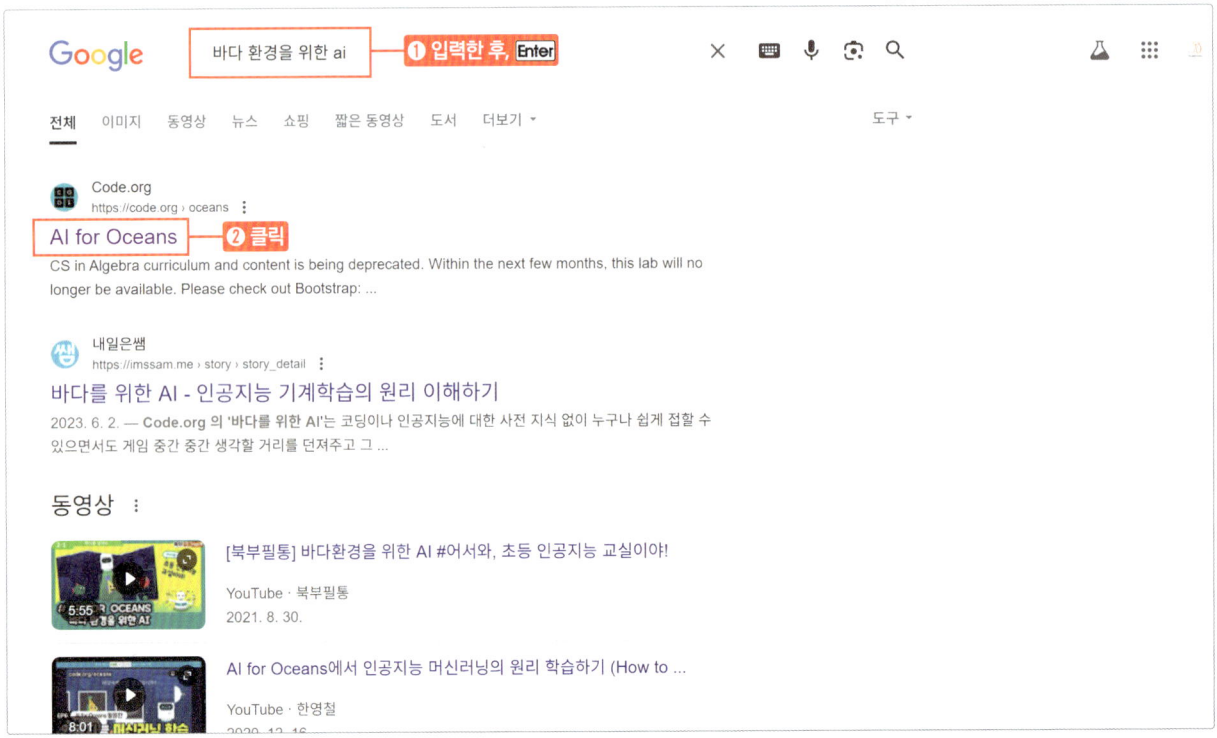

2 사용 언어를 '한국어'로 변경한 후, <계속하기> 단추를 클릭합니다.

02 인공지능에게 내가 직접 공부를 시킨다고?

1. 먼저 앱에서 제공하는 설명 부분을 계속 단추를 눌러가면서 읽어봅니다.

 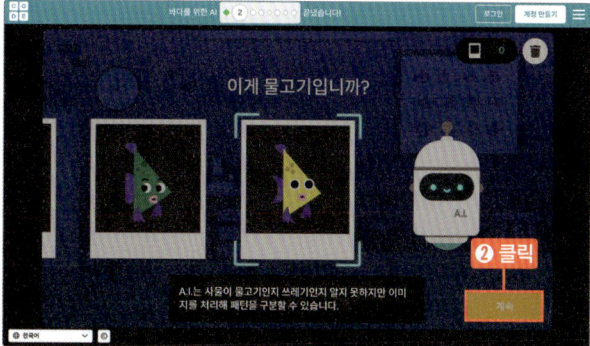

2. 인공지능 로봇에게 물고기와 물고기가 아닌 그림을 클릭하여, 로봇이 구분할 수 있도록 학습을 시킵니다.

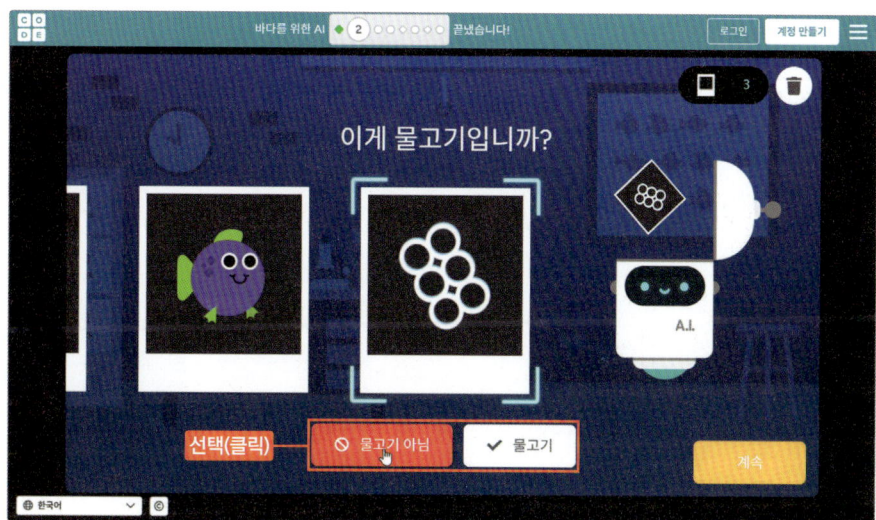

3. 바다를 위한 AI에서는 환경과 관련된 정보를 필요한 때마다 제공합니다. 바다 환경 오염에 대한 정보를 학습할 수 있습 니다.

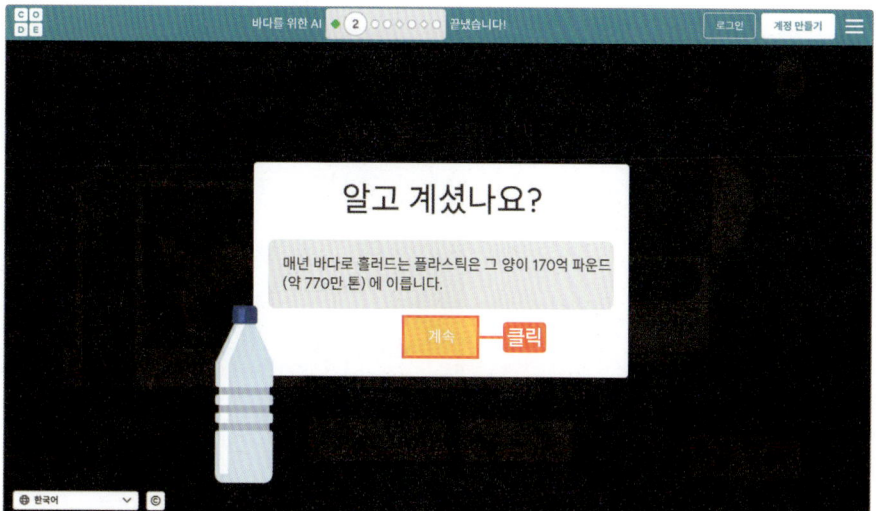

CHAPTER 21 인공지능 공부시키기 **127**

4. 학습 숫자가 많을수록 AI의 물고기를 알아보는 능력이 높아집니다. 어느 정도 학습이 완료했으면 계속 단추를 클릭합니다.

5. 실행 단추를 클릭하면 AI 로봇이 학습한 결과대로 실행합니다.

 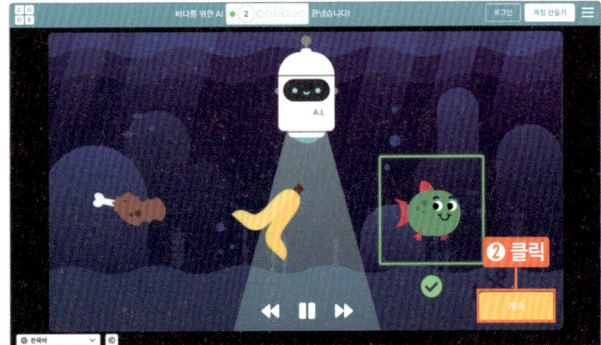

6. AI가 학습을 완료했다면 [계속]을 클릭합니다.

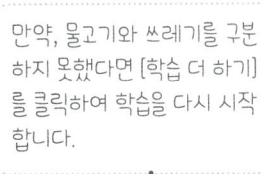

만약, 물고기와 쓰레기를 구분하지 못했다면 [학습 더 하기]를 클릭하여 학습을 다시 시작합니다.

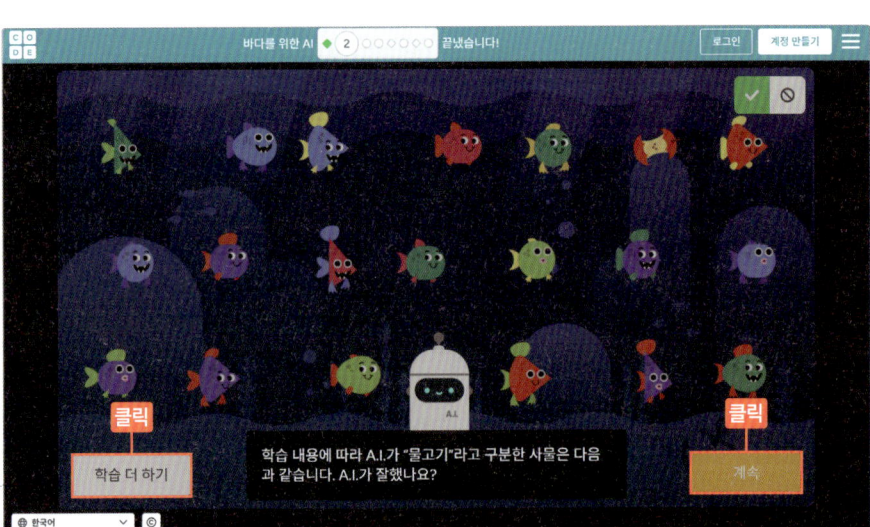

CHAPTER 21

혼자서 뚝딱 뚝딱

☐ 지금하기 ☐ 나중에 하기

1 ▶실행 단추를 계속 눌러 새로운 해양 생물도 학습을 시킨 후 AI(인공지능) 로봇이 학습한 결과대로 실행하는지 확인해 봅니다.

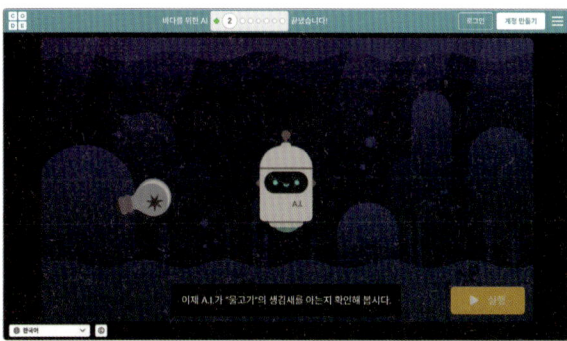
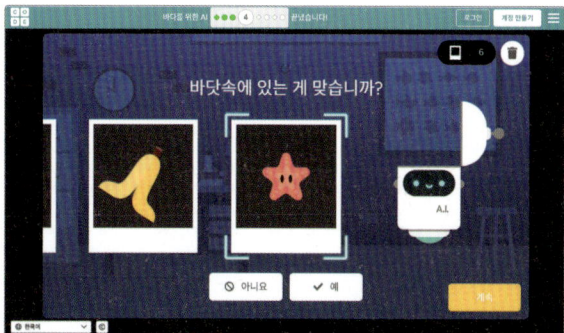
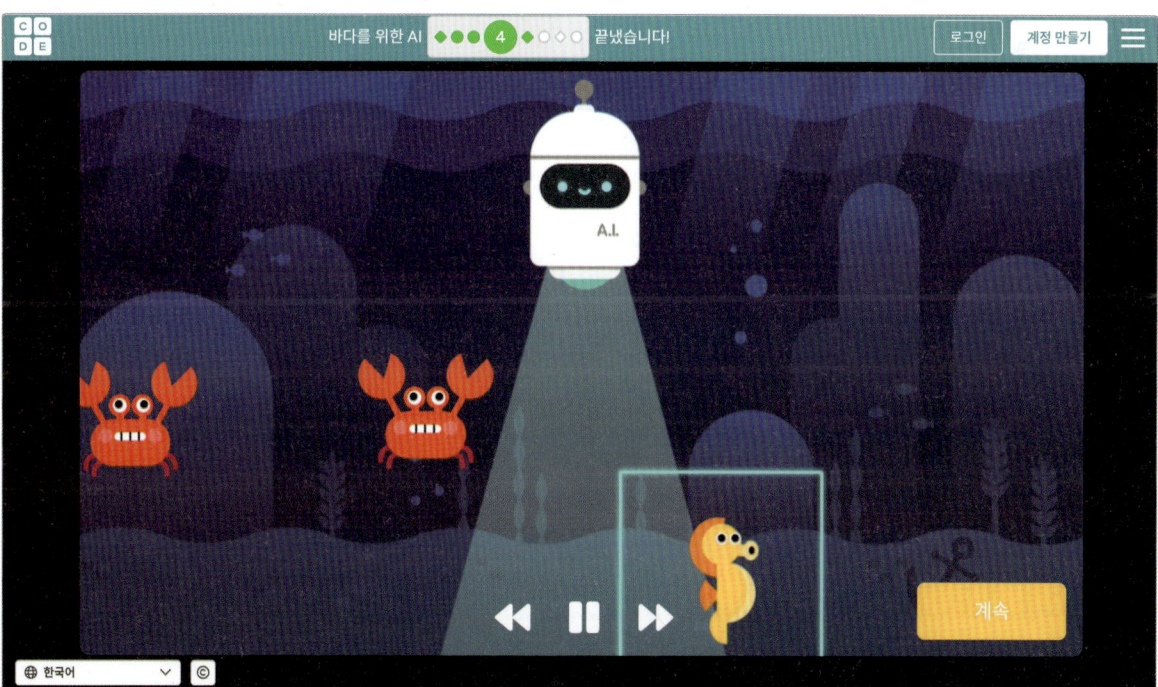

CHAPTER 21 인공지능 공부시키기 **129**

CHAPTER 22
인공지능 챗봇은 내 절친

오늘 배울 내용

- K마블 타자 프로그램을 이용하여 [키보드 학습 게임]-[영어 키보드 자리 연습]-[기본 자리 연습]~[윗 자리 연습]을 시작합니다.
- 인공지능(AI)에는 대화를 할 수 있는 인공지능 로봇인 '챗봇'이 있어요.
- 인공지능 '챗봇' 중 '크로바X'와 'Gemini(제미나이)'를 체험합니다.

K마블 타수

창의력 뿜뿜

■ 다음 지도는 아소랜드에서 놀이기구가 배치되어 있는 지도입니다. 아소랜드에서는 명령어를 입력하여 움직입니다.

다예와 찬이는 '회전목마( )'를 타고 '바이킹( )'을 타려고 합니다. 다음 명령의 종류를 살펴보고 회전 목마와 바이킹을 탈 수 있도록 명령어를 입력해 주세요. 단, 회전목마와 바이킹을 제외한 간식상점, 의자, 나무, 장식물이 있는 곳은 지나갈 수 없습니다.

명령어	→	↶	↷
의미	직진	왼쪽 회전	오른쪽 회전

정답 쓰기

01 네이버의 '클로바 X' 챗봇

1 크롬에서 '클로바X'를 검색한 다음 '클로바X-NAVER'를 클릭합니다.

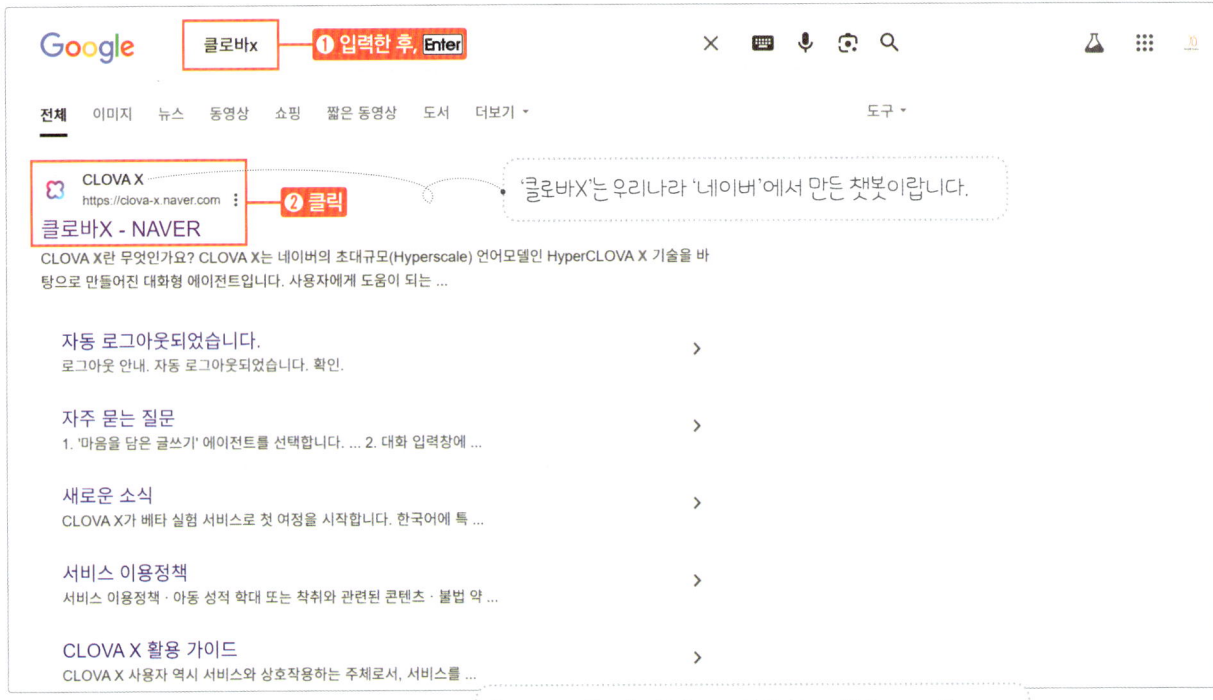

'클로바X'는 우리나라 '네이버'에서 만든 챗봇이랍니다.

글자로 대화를 하는 '챗팅'과 '로봇'을 합쳐 '챗봇'이라고 합니다.

2 '클로바X'라는 대화 로봇인 챗봇에게 대화상자를 통해 대화를 나누어 보도록 합니다. 먼저 대화상자에 '넌 누구니?'라고 입력한 후, Enter 키를 누릅니다.

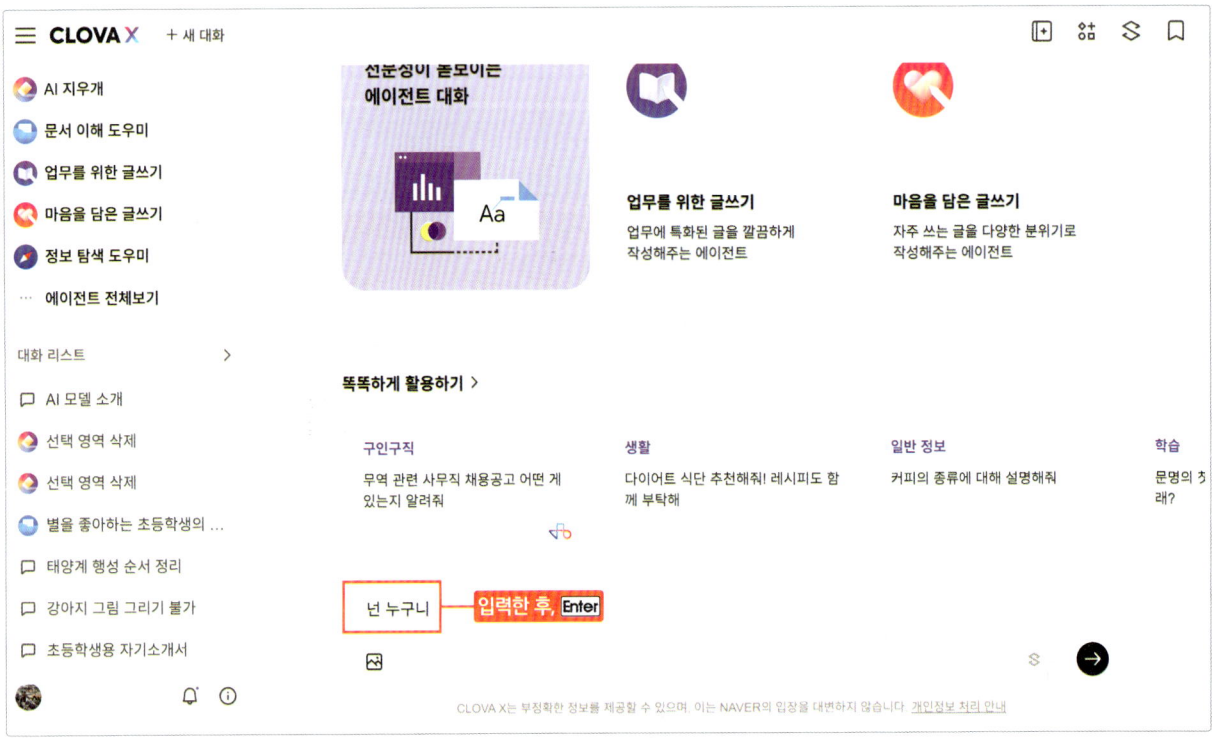

3 '클로바X' 챗봇이 답변한 내용을 확인합니다.

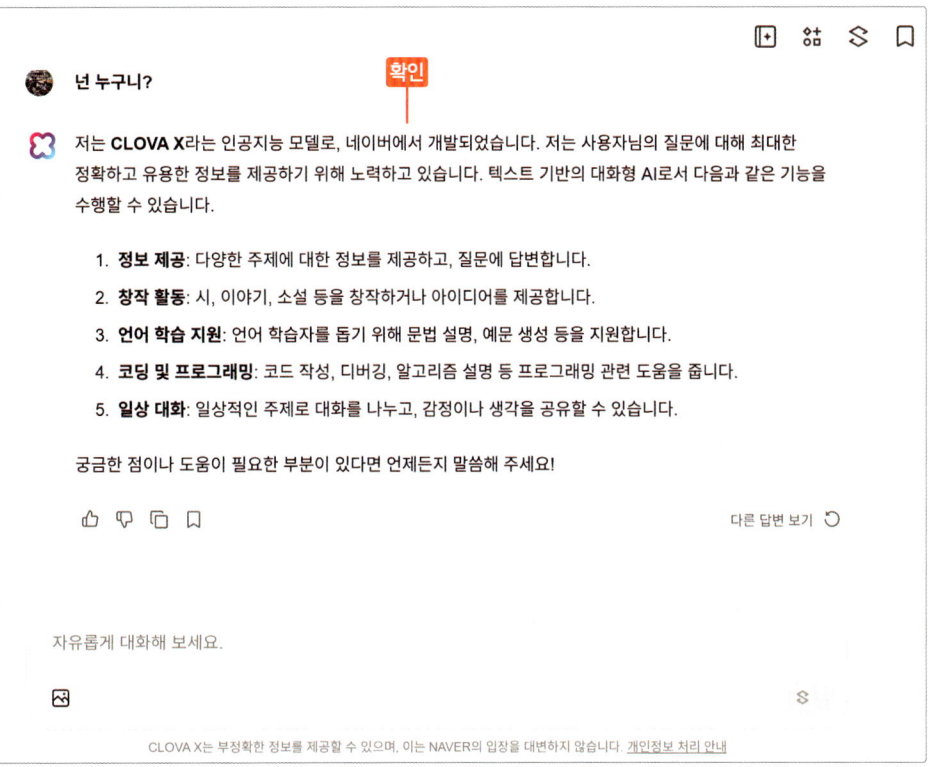

4 이제 대화상자에 아래와 같이 질문해 보고 챗봇의 답변을 확인해 봅니다.

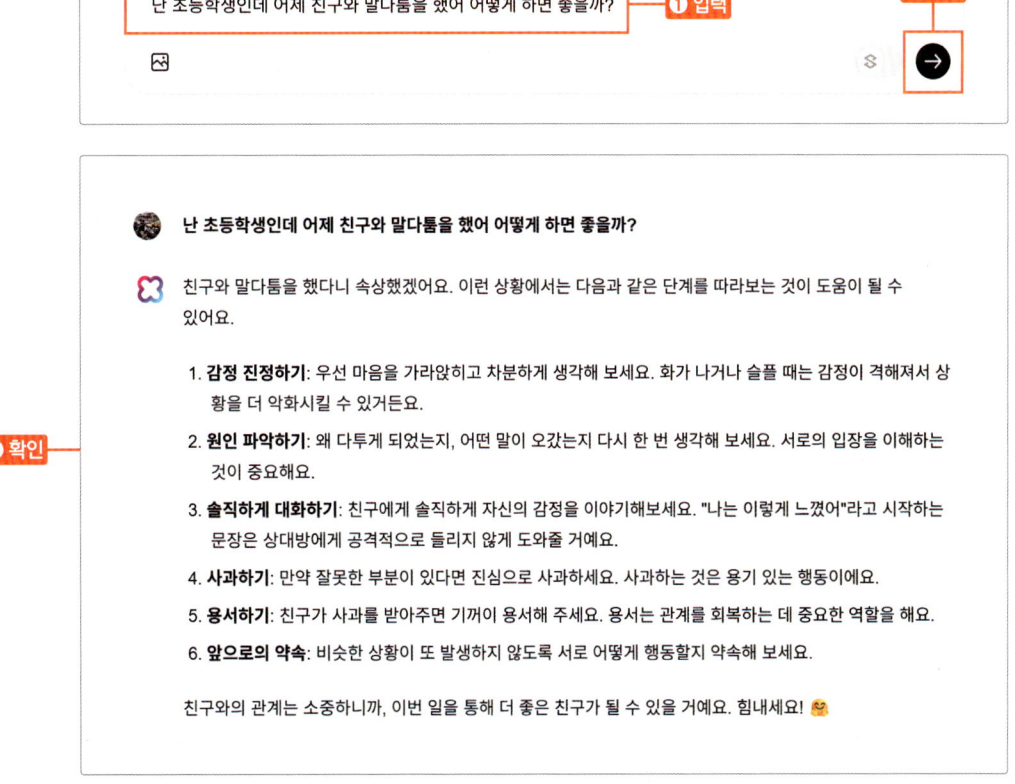

02 구글의 '제미나이' 챗봇

1. 크롬에서 '제미나이'를 검색한 다음 'Google Gemini'를 클릭합니다.

'구글 제미나이'라고 읽어요.

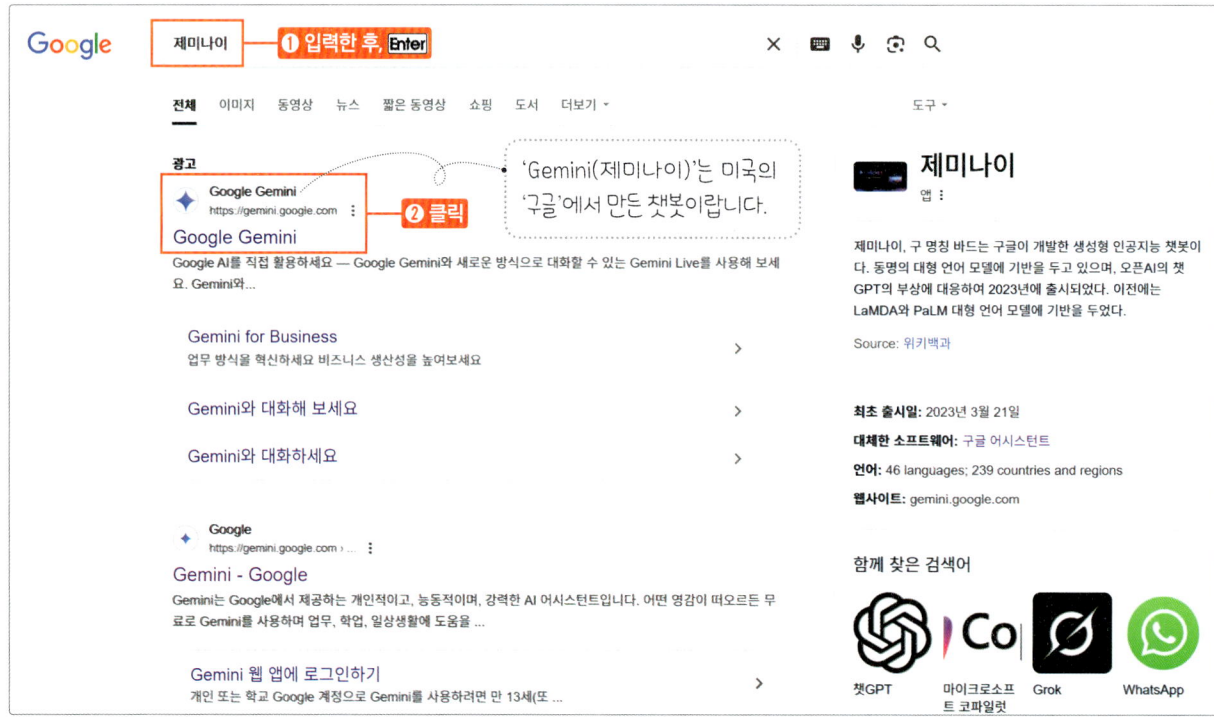

'Gemini(제미나이)'는 미국의 '구글'에서 만든 챗봇이랍니다.

2. 'Gemini'라는 대화 로봇인 챗봇에게 대화상자를 통해 내가 원하는 내용을 질문하고 답변을 받아볼까요? 먼저 대화상자에 '난 한국에 사는 초등학생이야! 너에 대해 간단히 소개해 줄래?'라고 입력한 후, Enter 또는 ▶ 를 클릭합니다.

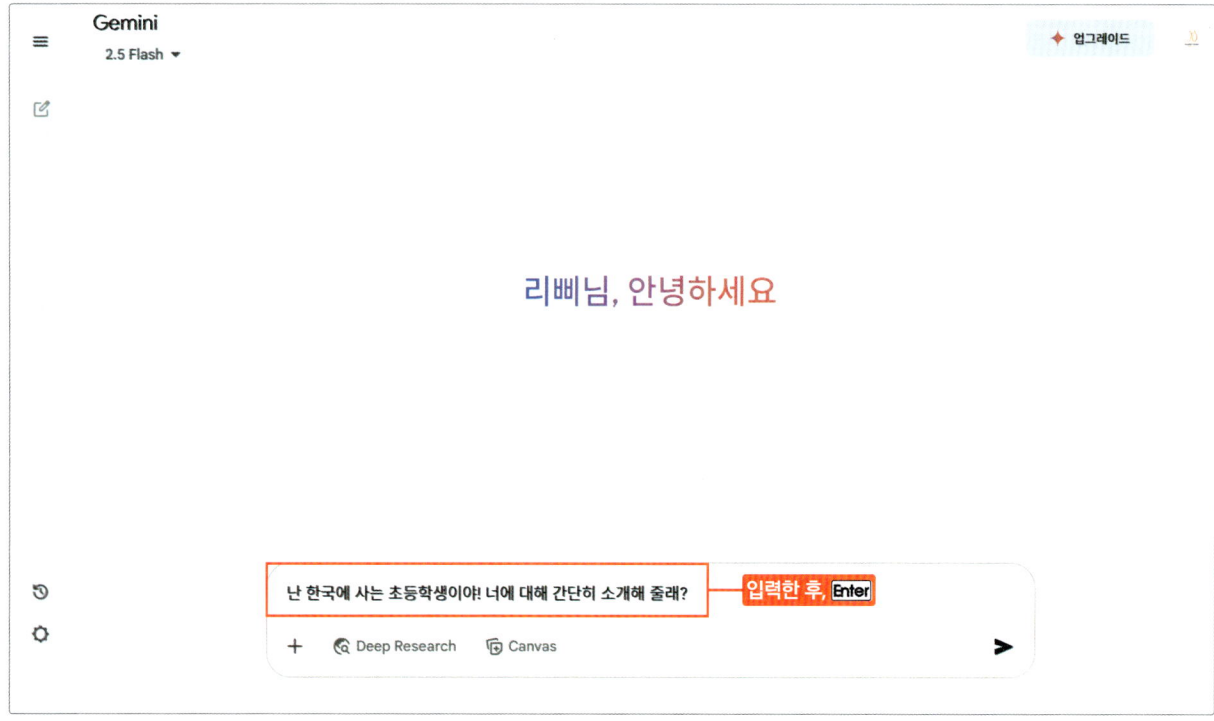

3 'Gemini' 챗봇이 답변한 내용을 확인합니다.

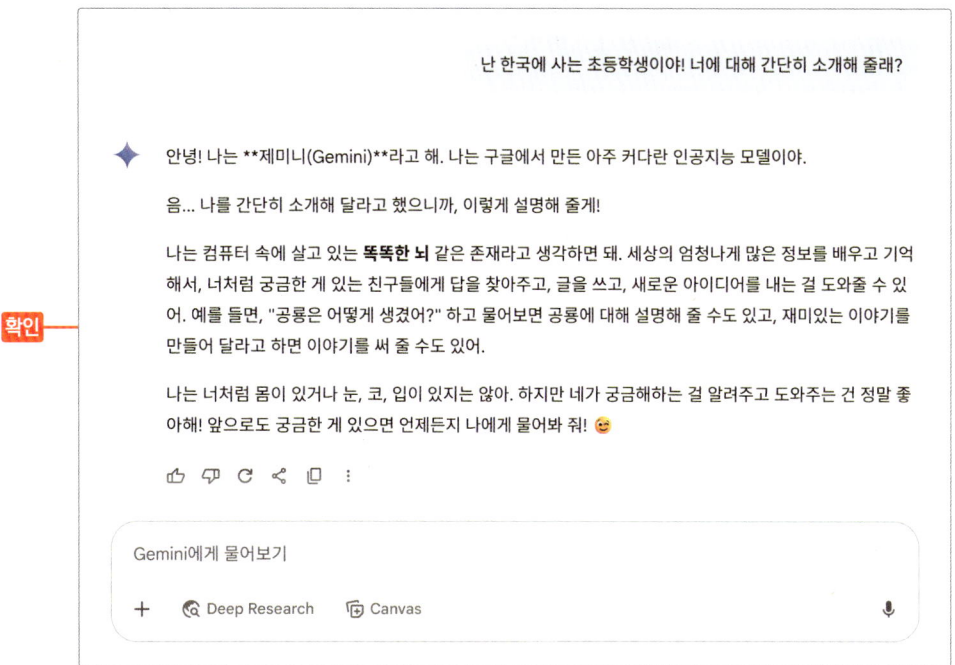

4 이제 대화상자에 아래와 같이 질문해 보고 챗봇의 답변을 확인해 봅니다.

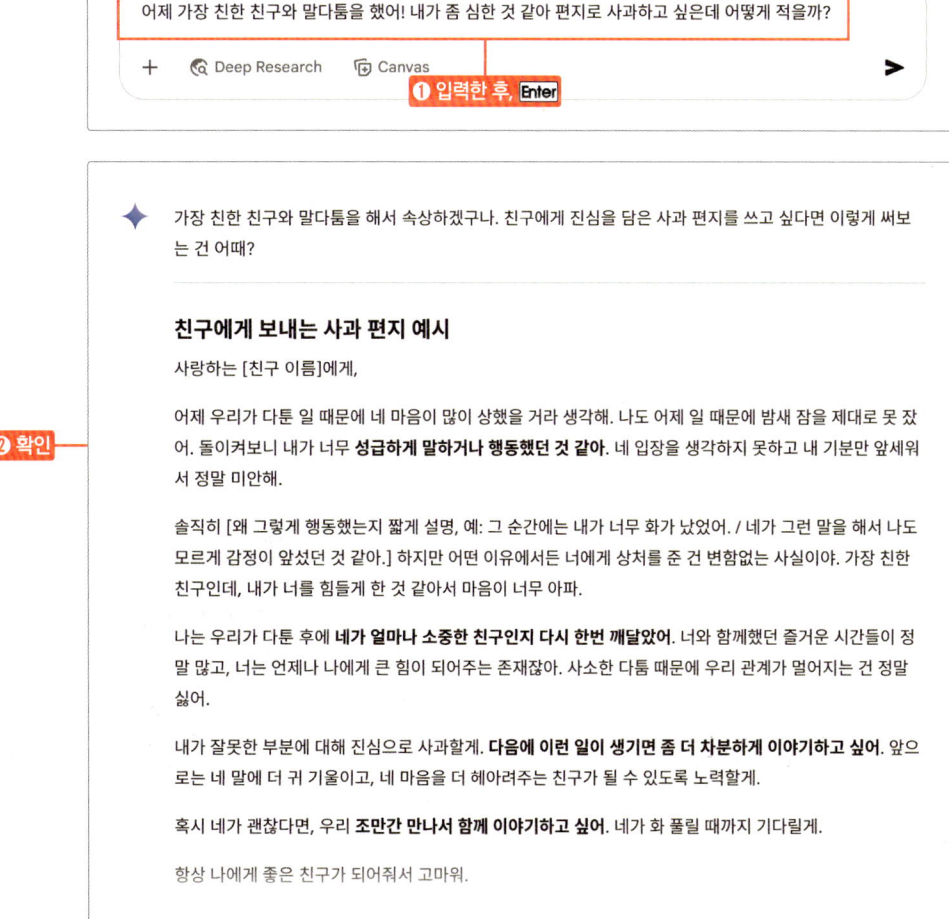

☐ 지금하기 ☐ 나중에 하기

1 '클로바X' 챗봇으로 아래와 질문을 참고해서 자신이 원하는 학습적인 내용을 물어봅니다.

> 조선시대 세종대왕께서 만든 훈민정음을 보고 싶어?
>
> THINK →

> 난 초등학생인데 오늘 기분이 별로 안좋아. 지금 나에게 추천할 노래를 알려줘?
>
> THINK →

2 'Gemini' 챗봇으로 아래 질문을 참고해서 자신이 원하는 내용을 순서대로 자세히 물어봅니다.

❶ 번 질문
> 백악기 시대 공룡의 종류는 어떤게 있을까?
>
> Deep Research　Canvas　이미지

❷ 번 질문
> 쥐라기 공원에 나오는 그림으로 보여줘?
>
> Deep Research　Canvas　이미지

❸ 번 질문
> 초등 학생이 좋아하는 만화 형태로 그려 줘?
>
> Deep Research　Canvas　이미지

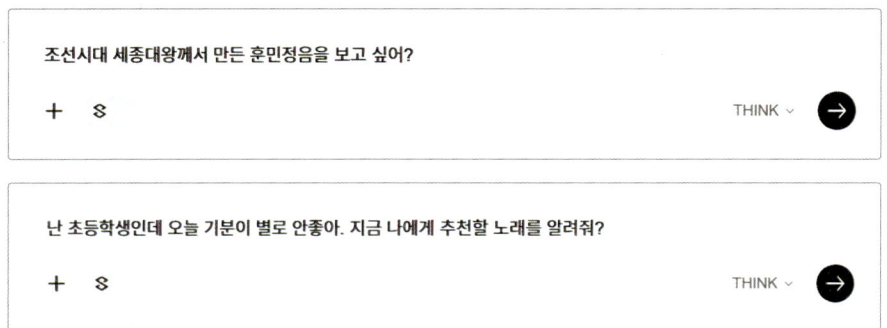

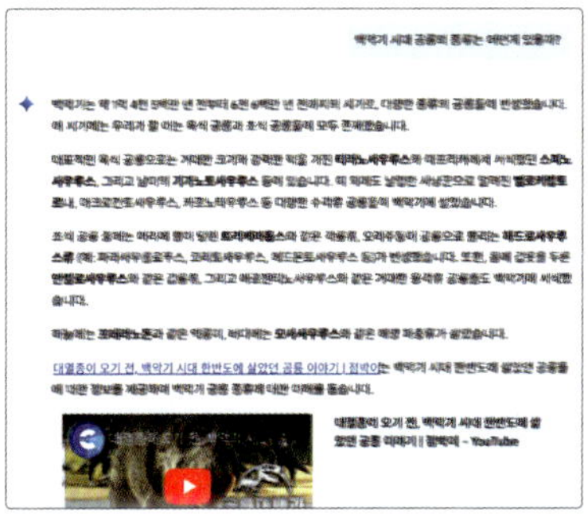

❶  ❷  ❸

결과는 교재와 다를 수 있어요.

CHAPTER 23
메타버스? 마을버스?

오늘 배울 내용
- K마블 타자 프로그램을 이용하여 [키보드 학습 게임]-[영어 키보드 자리 연습]-[아랫 자리 연습]~[전체 자리 연습]을 시작합니다.
- 메타버스에 대해 간략히 알아봅니다.
- 메타버스를 체험합니다.

K마블 타수

배울 내용 미리보기!

■ 다음 팝잇 모양의 빈 곳에 들어갈 도형 모양이 회전할 번호를 써보세요.

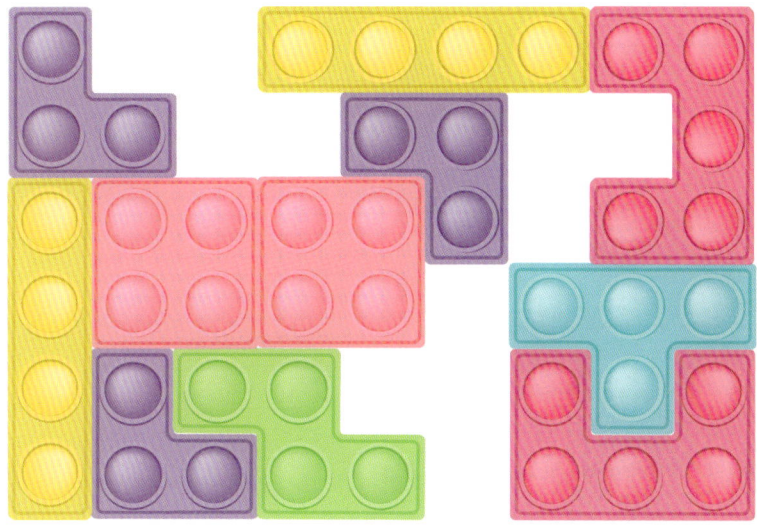

힌트

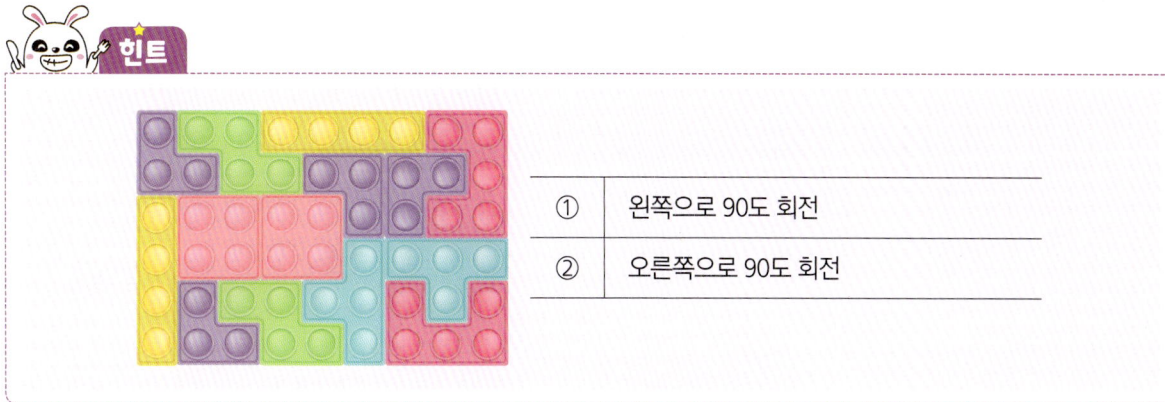

| ① | 왼쪽으로 90도 회전 |
| ② | 오른쪽으로 90도 회전 |

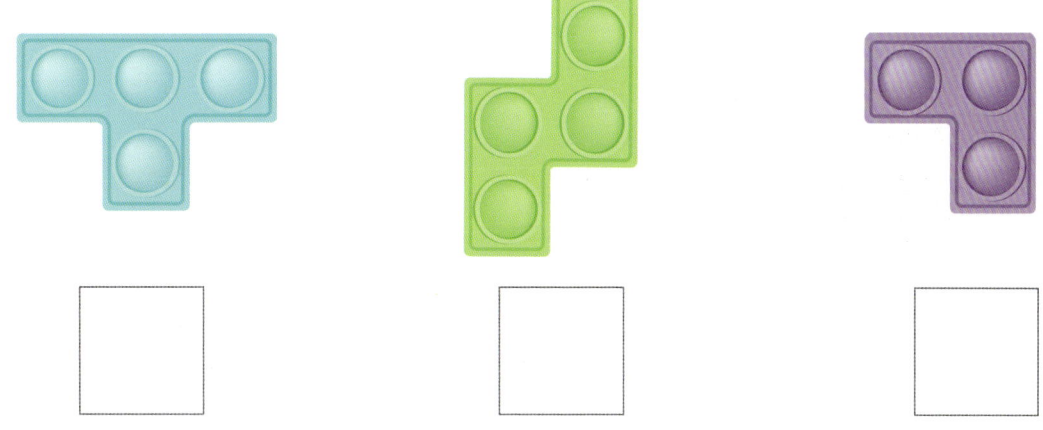

01 메타버스 '젭(ZEP)'으로 가상 현실로 들어가 볼까요?

1. 엣지, 크롬 등으로 ZEP 메타버스(zep.us)에 접속합니다.

2. [소개]-[학교]를 클릭합니다.

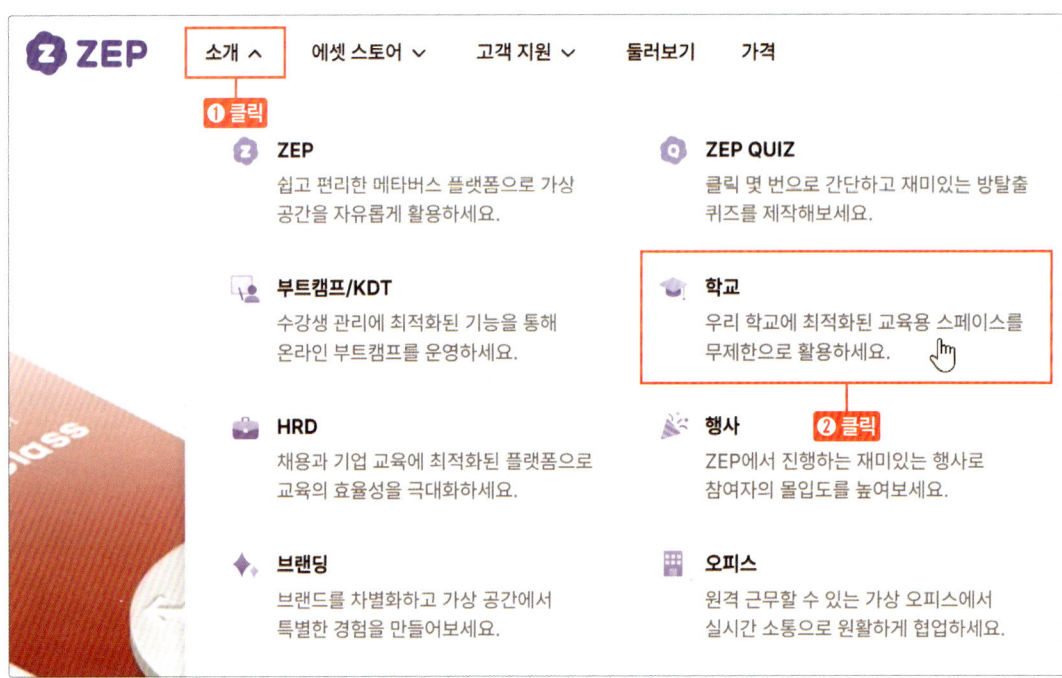

3 'ZEP 스쿨' 페이지에서 메타버스를 체험할 템플릿을 선택합니다.
➡ [둘러보기]-'안전' 검색-[한국도로공사 교통안전 놀이터]-[스페이스 둘러보기]

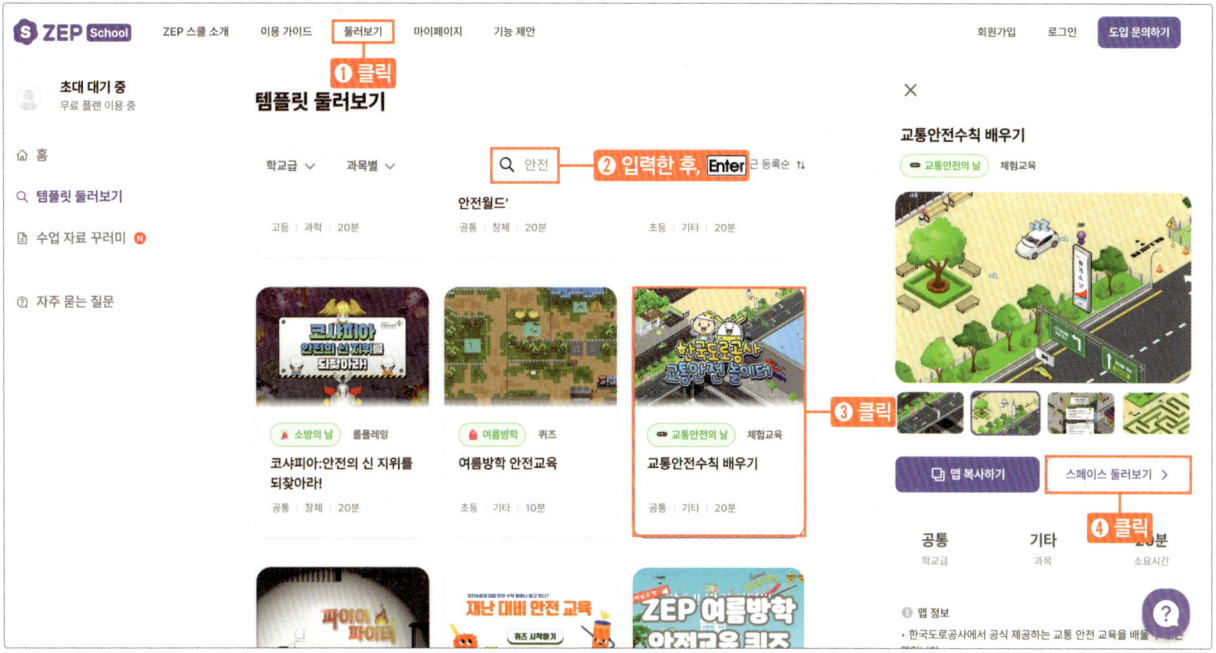

02 가상 현실에 돌아다닐 나의 캐릭터를 꾸며봅니다.

1 좌측 아래쪽에 '내 프로필'을 클릭한 후,  를 클릭하여 헤어, 의류, 피부, 얼굴을 선택하여 나의 캐릭터를 만들고 <저장> 단추를 클릭합니다.

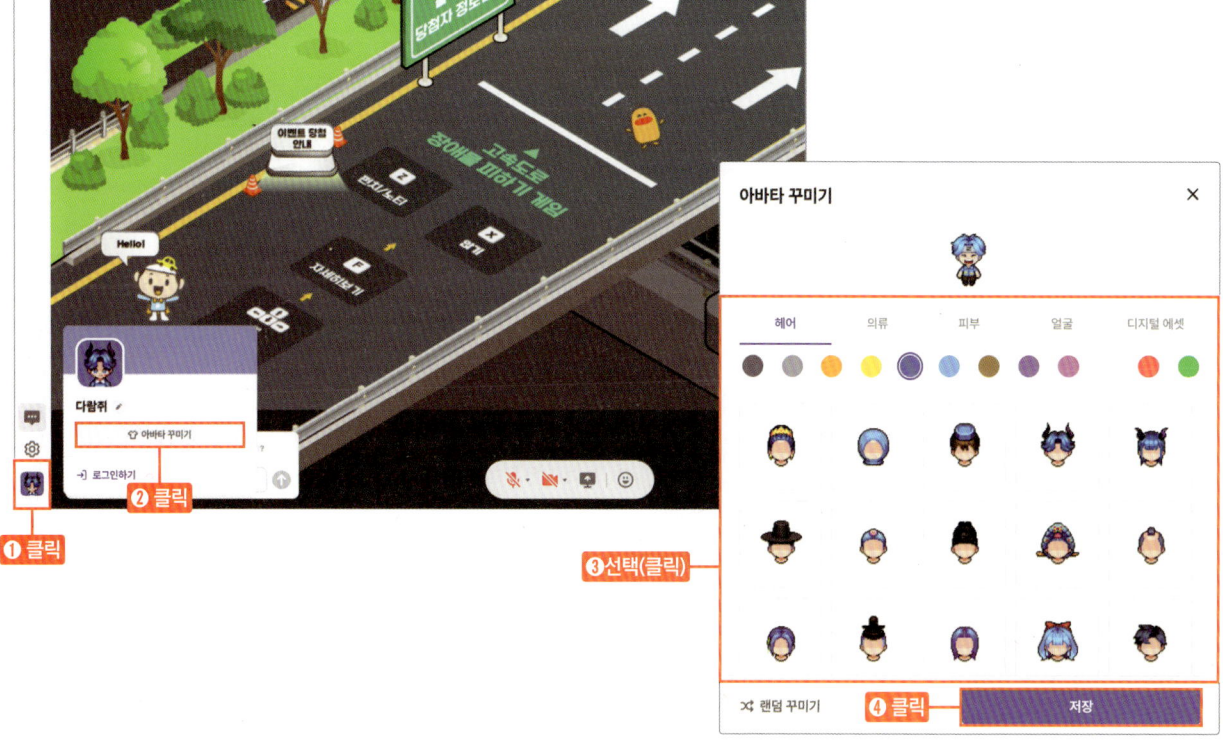

CHAPTER 23 메타버스? 마을버스? **141**

2 다시 '내 프로필'을 클릭한 후, '닉네임(✏)' 수정 이미지를 클릭합니다. 이어서, 나를 알릴 내 별명인 닉네임을 입력한 후, <저장> 단추를 클릭하고 변경된 내 프로필을 확인합니다.

• 메타버스에서 내 이름 대신 사용 될 나의 별명 같은거에요.

03 ZEP 조작법을 알아야 가상 현실을 체험할 수 있어요.

1 메타버스 내부에서 방향키를 이용하여 내 캐릭터를 이동할 수 있습니다.

2 F 키를 누르면 알림, 대화 등 상호 작용을 할 수 있습니다.

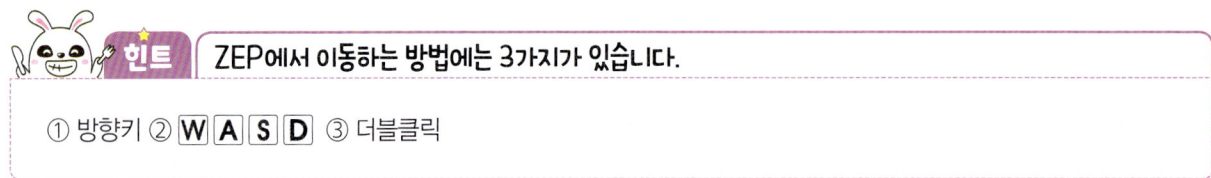

힌트 ZEP에서 이동하는 방법에는 3가지가 있습니다.
① 방향키 ② W A S D ③ 더블클릭

04 문제를 하나씩 해결하면 방을 탈출할 수 있어요.

1 방향키 등으로 이동하면서 먼저 '게임 가이드' 앞에서 F 키를 눌러 게임 방식을 확인한 후, '게임 가이드'의 'ⓧ'를 눌러 종료합니다.

2 장애물을 피해 앞으로 이동하면서, '졸음 피하기 게임' 방으로 입장합니다.

CHAPTER 23 메타버스? 마을버스? **143**

3. 각각의 장애물을 피하고 휴게소 방 탈출 게임을 완료해 봅니다.

▲ 떨어지는 '졸음' 피하기

▲ 노란색 '포탈'로 이동

▲ 휴게소 '방 탈출 게임'으로 이동

▲ 게임 가이드를 읽고 게임 시작

▲ 힌트를 찾은 후 정답 입력

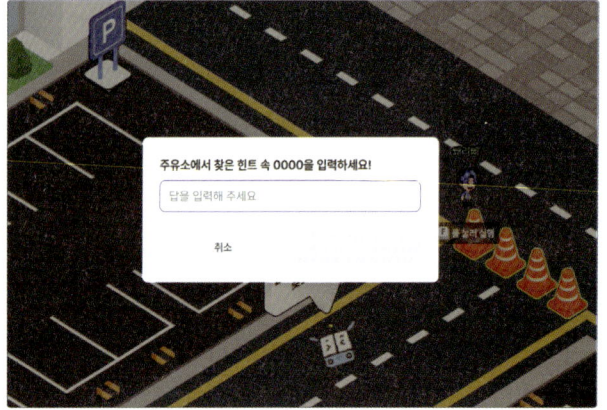
▲ 주유소에서 힌트를 찾은 후 정답 입력

혼자서 뚝딱 뚝딱

☐ **지금하기** ☐ **나중에 하기**

1 나머지 게임을 완료해 봅니다.

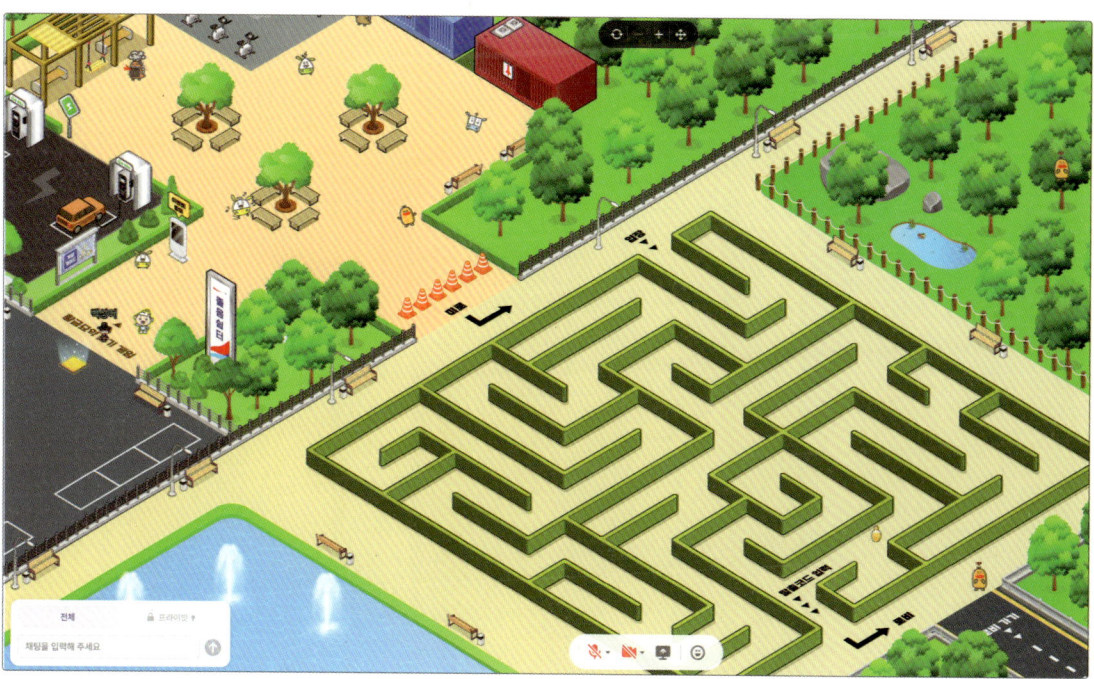

CHAPTER 23 메타버스? 마을버스?

CHAPTER 24 단원 종합 평가 문제

오늘 배울 내용
- K마블 타자 프로그램을 이용하여 [키보드 학습 게임]-[영어 키보드 단어 연습]-[전체 자리 단어]를 시작합니다.
- 17일차~23일차에서 배운 내용을 평가해 봅니다.

K마블 타수

---

1 계산기 앱을 이용하여 오늘 기준 1달러와 1유로는 우리나라 원화로 얼마인지 계산해 보세요.

미국 [100] $(달러) = 한국 [   ] ₩(원)

유럽 [100] €(유로) = 한국 [   ] ₩(원)

2 메모장을 이용하여 다음과 같이 작성해 보세요.

(♥.♥) ㅜoㅜ >3< +_+ @.@
👌 💕 😜 🎁 👯 🥪 🛴

3 네이버 지도를 이용해서 우리 집에서 우리 학교까지 걸어서 얼마나 걸리는지 시간과 거리를 적어 보세요.

시간 [   ]   거리 [   ]

4 구구단 외우는 숙제를 해결하기 위해 '클로바X' 챗봇으로 구구단 빨리 외울 수 있는 방법을 알아봅니다.

> 구구단을 빨리 외우는 방법은 없을까?
>
> 구구단을 효과적으로 외우는 몇 가지 방법을 제안드리겠습니다.
>
> 1. **반복 연습**: 가장 기본적인 방법이지만, 반복적으로 구구단을 소리 내어 읽거나 써보는 것이 중요합니다. 매일 일정 시간을 정해 꾸준히 연습하세요.
> 2. **시각적 도구 사용**: 구구단 표를 벽에 붙여두거나 작은 카드로 만들어 자주 보는 것도 도움이 됩니다. 각 단이 머릿속에 이미지처럼 남도록 도와줍니다.
> 3. **게임과 퀴즈**: 구구단 문제를 푸는 게임을 만들거나 퀴즈를 통해 재미있게 접근하는 방법도 있습니다. 예를 들어, 플래시 카드 게임이나 모바일 앱을 활용할 수 있습니다.
> 4. **암기 기법 활용**: 각 단의 숫자와 결과를 연결하는 이야기를 만들어보세요. 예를 들어, "삼육은 열여덟" 같은 식으로 기억하기 쉽게 만드는 것입니다.
> 5. **작은 단위로 나누기**: 한 번에 모든 단을 외우려 하지 말고, 1단부터 5단까지 외우고, 그 다음엔 6단부터 10단까지 이런 식으로 나눠서 외우면 부담이 덜합니다.
> 6. **테스트 받기**: 누군가에게 구구단을 테스트 받아보거나 스스로 테스트지를 만들어 점검하는 것도 좋은 방법입니다. 틀린 부분을 집중적으로 복습하세요.

5 'Gemini' 챗봇으로 경복궁 사진을 겨울에 눈이 쌓인 풍경화 그림으로 질문해 봅니다.

> 대한민국 경복궁을 겨울에 눈이 쌓인 풍경화 그림으로 그려 줘?
>
> 대한민국 경복궁의 겨울 풍경 그림입니다:
> 다른 그림을 원하십니까?